Teams führen
– aber richtig!

Mit Teamwork zu mehr Erfolg.
Wie du Teams effizient führen kannst.

von Niels Davidek

Inhaltsverzeichnis

Einführung

Die Führung von Teams wird immer gefragter, seit sich die Arbeitswelt verändert hat und Strukturen und Prozesse einem modernen Umfeld angepasst werden. Aber ein Teamleiter wird nicht geboren und fällt auch nicht vom Himmel. Nur wenige lernen in der Ausbildung, wie Teams geführt werden und wenn, dann meistens auch nur in der Theorie. Dabei kannst Du, als ein gut vorbereiteter und geschulter Teamleiter, Deine Mitarbeiter zu Höchstleistungen antreiben. Wer den Job aber ohne Vorkenntnisse übernimmt, kann schnell überfordert sein, was sich dann wiederum auch in der Performance des Teams zeigt.

Mit diesem Buch sollst Du einen Einblick bekommen, wie Teamführung funktioniert, was die Grundlagen sind und welche Herausforderungen es gibt. Du wirst einige Beispiele aus der Praxis kennenlernen und Tipps bekommen, wie Du Dich in kritischen Situationen verhalten kannst. Teamführung ist so komplex wie unsere heutige Umwelt und verlangt eine hohe Anpassungsfähigkeit, sowohl von der Teamleitung als auch von den Teammitgliedern.

Gerade in großen Unternehmen ist es üblich, dass weniger in spezifischen Abteilungen gedacht wird, sondern immer mehr Projekte im Rahmen von Teams abgewickelt werden. Diese Teams kommen und gehen, bestehen einige Wochen oder gar einige Monate. Heute kann fast jeder Mitarbeiter in einem Unternehmen auch zum Teamleiter werden, und wenn es Dich einmal trifft, dann ist es besser, zumindest in einem gewissen Umfang vorbereitet zu sein. Teams zu führen ist eine spannende Aufgabe, darf aber nicht damit verwechselt werden, Mitarbeiter zu führen. Zwar gibt es Überschneidungen, was die Motivation und einige teaminternen Prozesse angeht, aber Du bist als Teamleiter zum Beispiel kein klassischer Vorgesetzter, der Weisungen verteilt.

In diesem Buch haben wir uns sehr an der praktischen Seite der Teamführung orientiert. Nach einem kurzen Überblick über Führung im Allgemeinen legen wir die Schwerpunkte auf die Planungsphase- oder Vorbereitungsphase und die Durchführungsphase. Ein besonderes Augenmerk haben wir dabei auch auf die Führung von Remote Teams gelegt, d. h., wenn die Teammitglieder nicht physisch an einem Ort sind.

Was ist ein Teamleader?

Ein Team zu führen ist heute wichtiger denn je, da Aufgaben in Unternehmen und Projekten zunehmend auf mehrere Schultern verteilt werden. Organisationsstrukturen werden horizontaler und damit verändert sich auch die Mitarbeiterführung und die Führung von Teams. Am meisten aber sind die Teamleiter und -führer betroffen.

Nach der klassischen Definition ist der Team- oder Gruppenleiter eine Person, die überwiegend organisatorische Aufgaben übernimmt, aber auch Entscheidungsbefugnis und Richtlinienkompetenz hat. Lange Zeit waren die Gruppenleiter vor allem Vorgesetzte, die sich selbst über diese Rolle definierten. Sie formulierten Ziele und verteilten Aufgaben an die Mitarbeiter. Doch diese Führung über die Rolle ist nicht mehr zeitgemäß. Ein guter Teamleiter muss heute zum einen das Ziel des Projekts im Auge haben, zum anderen aber insbesondere möglich machen, dass sein Team dieses Ziel auch erreicht. Als Teamleiter ist Dein Job heutzutage vor allem, das Team glücklich zu machen. Zu den Hauptaufgaben des Teamleiters zählen daher:

- Festlegen von Zielen für das Team; gemeinsam mit dem Team und den in der Hierarchie übergeordneten Strukturen

- Kommunikation der Ziele und Prüfung des Erreichten
- Planung der Aufgabenerledigung und Delegieren von Aufgaben
- „Teambildung“: Das Formen des Teams als effektiv und effizient zusammenarbeitende Gemeinschaft
- Motivation der Mitarbeiter
- Umgang mit Konflikten
- Leitung von Teambesprechungen
- Vertretung der Interessen des Teams innerhalb der Organisation
- Mentoring

Kompetenzen und Fähigkeiten eines Teamleaders

Um ein Team zu führen braucht es nicht nur Kenntnisse in Menschenführung und Organisation, sondern auch menschliche und persönliche Fähigkeiten, die sich in den sogenannten Soft Skills darstellen. Um ein Team gut führen zu können, brauchst Du daher insbesondere die nachfolgenden Fähigkeiten.

Gute Kommunikation und soziales Verhalten

Sich verständlich zu machen und andere zu verstehen ist eine der wichtigsten Eigenschaften, die man mitbringen muss, wenn man mit anderen Menschen zusammenarbeitet. Dabei ist es erst einmal gleich, ob Du im Team mitarbeitest oder es führst. Die Basis einer guten Kommunikation ist das gegenseitige Verständnis. Dazu gehört auch Dein Verhalten in der Gruppe und gegenüber der Gruppe. Wer aggressiv ist, bestimmend und autoritär, wird nicht weit kommen.

Eigener Antrieb und Motivation

Wenn Du ein Team leitest, weil Dein Boss es so bestimmt hat, wird sich das schnell auf die Stimmung und Leistung auswirken. Gute Teamleiter sind hochmotiviert (aber nicht übermotiviert) und haben einen starken eigenen Antrieb. In Deinem Handeln machst Du deutlich, dass Du das Team und das Projekt voranbringen willst und Dich dementsprechend mit allen Kräften dafür einsetzt.

Verlässlichkeit, Gewissenhaftigkeit und Beharrlichkeit

Was nach alten Tugenden klingt hat auch heute noch seine Berechtigung. Ein Team muss sich auf seinen Leiter verlassen können, und es muss ebenso von ihm oder ihr erwarten können, dass diese Person gewissenhaft arbeitet und sich auch nicht einfach von einem Vorhaben abbringen lässt. Dabei sind aber die Grenzen oftmals auch fließend: Du solltest bei aller Gewissenhaftigkeit nicht zu einem Ordnungsfanatiker werden, und Beharrlichkeit sollte Dich auch nicht zu einem Sturkopf werden lassen.

Fähigkeit, andere zu motivieren

Viele Beispiele, wie man Teams motiviert, kommen aus dem Sport, weil man dort zuerst als Gruppe arbeitete, aber auch weil der Trainer während des Spiels kaum Einfluss hat. Deswegen muss man Teams so vorbereiten, dass sie im Spiel von selbst funktionieren. Eine große Rolle spielt dabei die Motivation: Man sieht immer wieder im Sport, dass große Trainerpersönlichkeiten Spieler motivieren können, oft auch, um über ihre eigenen Fähigkeiten hinauszuwachsen. Dabei ist es weniger entscheidend, wie Du motivierst – das ist auch eine Frage Deiner Persönlichkeit und Deines Charakters – sondern vor allem, dass Du Dein Team motivieren kannst.

Innovativ und visionär

Diese beiden Eigenschaften klingen nicht nur schwergewichtig, sie sind es auch. Wer in der Lage ist, Probleme auch mit neuen Ideen anzugehen, aber auch sich selbst immer wieder neu zu erfinden, wird im Team Respekt und Anerkennung erfahren. Wenn Du in der Lage bist, Deine Vision des Projekts zu vermitteln, über den Tellerrand zu blicken und auch in die Zukunft zu denken, werden Deine Teammitglieder Dir nur allzu gerne folgen.

Ehrlichkeit

Es ist eigentlich eine Selbstverständlichkeit, dass man ehrlich sein soll, aber gerade in Teams ist das besonders wichtig. Die Arbeit in Teams beruht zu einem großen Teil auf Vertrauen, sowohl untereinander als auch Dir als Leiter gegenüber. Und die Basis für Vertrauen ist nun einmal, ehrlich zu sein. Dazu gehört auch, dass Du Dir selbst gegenüber ehrlich bist, zum Beispiel, wenn es darum geht, Fehler einzugestehen.

Selbstvertrauen und Risikobereitschaft

Du solltest als Teamleiter genügend Vertrauen in Dich selbst haben, um diese Aufgabe zu meistern. Es geht nicht so sehr darum, Schwächen nicht zu zeigen, sondern darum, dass Du Dir selbst vertraust, dass Du das Team führen kannst und auch die notwendigen Fähigkeiten mitbringst. Wenn Du Dir selbst vertraust, wirst Du auch in der Lage sein, Risiken einzugehen und Herausforderungen anzunehmen, die jedes Team und jedes Projekt mit sich bringen. Gerade in der Problemlösung sind diese Fähigkeiten besonders wichtig.

Vertrauen schaffen

Zu den wichtigsten Softskills gehört es, Vertrauen zu schaffen. Ein Team wird Dir nicht vertrauen, nur weil Dich jemand zum Leiter gemacht hat. Es reichen auch nicht ausschließlich Deine Erfahrung und Deine Kompetenzen, sondern es sind auch die weichen Faktoren, wie Ehrlichkeit und Empathie, die eine vertrauenswürdige Person ausmachen. Dabei wirst Du aber auch Grenzen ziehen müssen, denn es kann passieren, dass Vertrauen ausgenutzt wird. Gerade als Teamleiter in großen Teams können Freundschaften manchmal zu einem Problem werden – können ein Team andererseits aber auch schneller voranbringen.

Intelligenz

Mit diesem Begriff ist nicht gemeint, wie schlau Du bist oder welchen IQ Du hast, sondern dass Du in der Lage bist, intelligent zu handeln. Das beinhaltet, zu wissen, wann Du emotional werden musst, damit Du in der Lage bist, Probleme aus verschiedenen Blickwinkeln zu betrachten, und komplexe Zusammenhänge verstehst und analysieren kannst.

Deine Firma oder Organisation gut kennen

Wenn Du in einem großen Unternehmen arbeitest oder Dein Projekt Teil einer großen Organisation ist, wirst Du als Teamleiter das Team auch immer wieder nach außen vertreten müssen. Dazu ist es wichtig, dass Du die Firma, ihre Strukturen und ihre Innenpolitik kennst. Gerade als Teamleiter (oder auch Projektmanager) wirst Du mit Stakeholdern zusammenarbeiten, von denen Du besser vorher weißt, welche Positionen sie haben und welche Interessen sie verfolgen.

Interesse an anderen Menschen haben

Teamfähigkeit heißt nicht nur, eine Rolle in einem Team ausführen zu können, sondern auch in der Lage zu sein, mit den anderen Menschen eine Einheit zu bilden. Du wirst Dein Team nur verstehen können, wenn Du auch wirklich an den Menschen, die das Team bilden, interessiert bist. Dein EQ, der emotionale Quotient, spielt dabei eine große Rolle: Bist Du in der Lage, die Emotionen der anderen zu verstehen? Das wirst Du nur können, wenn Du auch Interesse an ihnen hast.

Teamplayer

Die erfolgreichsten Musikgruppen sind immer diejenigen gewesen, die aus echten Teamplayern bestanden, ganz gleich ob es einen bekannten Sänger gab. Die Rolling Stones sind ein Beispiel dafür, dass man in der Lage sein muss, zusammenarbeiten zu können. Eine Persönlichkeit wie Mick Jagger muss in der Lage sein, mit den anderen zusammenarbeiten zu können, gerade auch weil diese selbst starke Persönlichkeiten sind. In Deinem Team wirst Du selbst auch Aufgaben übernehmen müssen, die nichts mit Deiner Rolle als Leiter zu tun haben. Je mehr Spaß Du dabei hast, in einem Team zu arbeiten, umso mehr wird sich das auch auf die Stimmung und die Leistung auswirken.

Ständig wechselndes Umfeld

Für die Arbeit von Teams, und damit auch für die Leiter von Teams, hat sich die Umgebung in den vergangenen Jahren erheblich verändert. Hat es bislang nur einige wenige Industrien gegeben, in denen grenzen- und kulturübergreifend gearbeitet wurde, so ist das heute immer mehr die Regel.

Hinzu kommt, dass es stets neue Techniken und Theorien darüber gibt, wie Teams am besten arbeiten können. In der Softwareindustrie hat sich das Agile Development durchgesetzt, bei dem die Produkte in Iterationen entwickelt werden. Teams werden dort zum Beispiel nach den Scrum-Regeln zusammengesetzt, und ein Teamleiter wird nur bestehen können, wenn er mit diesem vertraut ist oder sogar selbst eine Ausbildung zum Scrum-Master oder Product-Owner gemacht hat.

In anderen Unternehmen werden Hierarchien abgebaut, einige führen sogar Holokratie ein, in der es gar keine Führungsebene mehr gibt. Ein Team in solchen Umgebungen zu führen, bedeutet nicht nur eine Neuorientierung von gelernten Methoden, sondern auch ein neues Grundverständnis in der Organisation von Arbeit und Mitarbeitern.

In einem gesonderten Bereich wird noch umfassender auf sogenannte Remote Teams eingegangen werden, an dieser Stelle sei nur vorab erwähnt, dass globale Teams schon allein wegen der verschiedenen Zeitzonen eine alternative Arbeitsweise und auch neue Werkzeuge, wie das Kommunikationstool Slack oder dessen neuer Herausforderer Twist, erfordern. Wenn die Mitarbeiter eines Teams, zum Beispiel, weil sie freiberufliche Designer oder Programmierer sind, auf der ganzen Welt verteilt sind, wird es eine Menge Disziplin brauchen, um alle Beteiligten immer gleichzeitig informiert und synchronisiert zu halten.

Schließlich bringt die Globalisierung auch kulturelle Herausforderungen mit sich. Immer mehr Teams, vor allem in großen Unternehmen und in Technologie-Start-ups, haben Mitarbeiter aus verschiedenen Kulturkreisen und verschiedenen Ethnien. Es reicht aber manchmal auch schon, nur Mitarbeiter aus anderen Ländern zu haben. Amerikaner haben eine andere Arbeitsweise als Briten, Italiener verstehen Probleme anders als Australier. Als Teamleiter wirst Du Dir kulturelle Kompetenzen aufbauen müssen. Zu diesen gehört zum Beispiel, andere Kulturen und Sichtweisen akzeptieren zu können. Das klassische Beispiel ist, wenn jemand Ja sagt. In Deutschland ist ein Ja, ein klares Ja. In einigen asiatischen Kulturen wird aber Ja gesagt, weil Nein unhöflich wäre. Außerdem gibt es verschiedene Formen von Ja, welche beispielsweise manchmal nur das Gesagte anerkennen, aber bei den meisten in Englisch geführten Konversationen schnell als Bestätigung des Gesagten verstanden werden. Wenn Du als Teamleiter z. B. bei einem Geschäftsessen den Teller leer isst, kann das in China als unhöflich verstanden werden – denn dort bedeutet das, dass es nicht genug zu essen gegeben hat.

Wie Teams funktionieren

Um ein Team leiten zu können, solltest Du auch wissen, wie ein Team grundsätzlich funktioniert. In einem Team gibt es meisten drei Rollen, die ausgefüllt werden müssen: **Technische Aufgaben, funktionale Aufgaben und solche, die das Team an sich betreffen.** Die erste Rolle bedeutet, dass man sich eine Aufgabe nimmt und diese auch ausführt. Die funktionalen Rollen bedeuten, dass mit diesen das Team an sich besser funktioniert und die letzte Rolle betrifft die Teamfähigkeit des Einzelnen.

Zu wissen, welche **Rollen die Mitglieder eines Teams** jeweils einnehmen – und das können alle Rollen gleichzeitig sein – ist wichtig, um Motivationen und Funktionen zu verstehen. Als Teamleiter wird man oft genug vom Tagesgeschäft abgelenkt und konzentriert sich zu sehr auf die Projektaufgaben, statt sich mit dem Team selbst zu beschäftigen. Das ist umso mehr der Fall, wenn Du als Teamleiter selbst auch Tasks übernimmst.

Man kann Teams auch darin unterscheiden, welche Aufgaben sie haben.[1] Dabei wird zwischen dem **funktionalen Team, dem Matrix Team und dem Vertragsteam** unterschieden. Das funktionale Team besteht im Wesentlichen aus Mitglie-

---

[1] The Open University; Hall, W.; Keynes, M. (2016): How teams work, S. 7 f.

dern mit bestimmten, ähnlichen Spezialaufgaben. Oftmals arbeiten diese Teams dann anderen zu. Das Matrix Team hingegen besteht aus Mitgliedern, die auch noch in anderen Teams Aufgaben haben und meistens auch noch einen Hauptjob. Unter einem Vertragsteam versteht man meistens Teams, die von außen ins Projekt oder Unternehmen gebracht werden.

Andere Teamformen sind noch solche, die dauerhaft eingerichtet werden, wie zum Beispiel das Verkaufsteam bei einem Autohändler und selbstorganisierende Teams, die sich spontan und oftmals auch inoffiziell zusammenfinden (zum Beispiel, um die Firmenfeier zu organisieren, aber auch um sich in einem Unternehmen abteilungsübergreifend zu informieren und auszutauschen).

Neben den Rollen ist auch die **Gruppendynamik** ausschlaggebend in jedem Team. Selbst wenn man bestimmte Aufgaben hat und Du zum Beispiel der Teamleiter bist, wird jedes Team in einem gewissen Ausmaß die klassischen Phasen der Gruppendynamik[2] durchlaufen.
In der **ersten Phase** orientieren sich die Teammitglieder, versuchen sich gegenseitig einzuschätzen und suchen eine Rolle innerhalb der Gruppenhierarchie. Vereinfacht gesagt, teilen sie sich in dominante und weniger dominante Mitglieder auf.
In der **zweiten Phase**, oft auch die **Storming Phase** genannt,

---

[2] Huffington Post (2016): Die 5 Phasen der Gruppendynamik. URL: https://www.huffingtonpost.de/thorsten-boschs-insider/die-5-phasen-der-gruppendynamik_b_8970606.html [Stand: 14-09-2018]

bemerken die Mitglieder die Unterschiede und sprechen diese auch oftmals offen an. Hier kommt es auch zu ersten Versuchen, einen Teamleiter herauszufordern.

In der **dritten Phase**, der Normierungsphase, werden die Teams versuchen, sich auf gemeinsame Regeln und Normen zu verständigen. Das ist eine wichtige Phase, weil sich dabei auch die Kultur innerhalb einer Gruppe bildet.

In der **vierten Phase**, der Durchführungsphase, arbeiten die Mitglieder eines Teams basierend auf den vorher aufgestellten Regeln zusammen und führen die gestellten Aufgaben entsprechend ihren jeweiligen Rollen auch aus.

Die **fünfte Phase** beschreibt die Auflösung einer Gruppe oder eines Teams. Mit ihr brechen Bindungen wieder auf, und damit einhergehend auch die kulturelle Identität. Das ist für Dich als Teamleiter auch deshalb wichtig zu wissen, weil es ja sein kann, dass viele der Teammitglieder in einem neuen Team zusammenarbeiten werden. Das bedeutet aber nicht, dass sie auch die Kultur des alten Teams mitnehmen.

Diese Dynamik gibt es bei allen Gruppen, die neu zusammengestellt werden, und es macht dabei auch keinen Unterschied, ob die Mitglieder es bereits gewohnt sind, in Teams zu arbeiten. Größere Erfahrungswerte werden die Prozesse nicht vollkommen abschaffen, allerdings kann es die Ausprägung bestimmter Phasen – vor allem die der Storming Phase – etwas abmildern.

Teams führen

Wenn Du vor der Aufgabe stehst, zum ersten Mal ein Team führen zu müssen, dann solltest Du Dir bewusst sein, dass es zwei wichtige Phasen gibt: In der ersten Phase stellst Du das Team zusammen und schaffst die Voraussetzungen dafür, dass es gut und erfolgreich arbeiten kann. In der zweiten Phase hilfst Du dem Team bei der Umsetzung der Ziele. Beide Phasen bauen aufeinander auf und können nicht voneinander getrennt werden. Deswegen solltest Du Dir auf jeden Fall die notwendige Zeit nehmen, gerade die erste Phase auch ordentlich durchzuführen.

Vorbereitung

In der Vorbereitungsphase legst Du die Grundlagen für Dein Team. Fehler, die Du hier machst, werden später schwer zu korrigieren sein. Je besser die Vorbereitung, umso besser wird das Team zusammenarbeiten können und das Projekt zum Erfolg führen.

Die hier aufgelisteten Schritte musst Du nicht zwingend in dieser Reihenfolge abarbeiten, aber Du solltest sie alle ernst nehmen.

Das richtige Team zusammenstellen

Ein Team steht und fällt mit seinen Mitgliedern. Einer der wesentlichen Gründe, warum Start-ups scheitern, ist, dass die Mischung nicht stimmt und die Mitarbeiter nicht harmonieren.

Wenn man den Einfluss bedenkt, den die Zusammenstellung eines Teams auf seine Performance hat, dann ist diese Aufgabe wohl die wichtigste in der Vorbereitungsphase. Als Teamleiter wirst Du hier die besten und vor allem die richtigen Leute aussuchen, die in der Lage sind, das geforderte Ergebnis zu bringen. Du wirst aber auch in die Zukunft schauen müssen und überlegen, wie Dein Team wachsen kann und sich einer verändernden Umgebung anpassen kann.[3]

Aber auch für kleinere Projekte gibt es bestimmte Erfolgsrezepte, was die Zusammenstellung des Teams betrifft.

Wenn Du ein Team von Grund auf neu aufstellen sollst, dann wirst Du als Erstes natürlich nach den Fähigkeiten der Mitarbeiter schauen, die infrage kommen. In einem Softwareprojekt sind das meistens Entwickler, die eine bestimmte Programmiersprachen kennen oder Designer, die sich auf Apps spezialisiert haben. Gerade in den USA versucht man immer,

---

[3] Morgeson, F. P.; DeRue, D. S.; Karam, E. P. (2009): Leadership in Teams: A Functional Approach to Understanding Leadership Structures and Processes: Journal of Management. URL: https://doi.org/10.1177/0149206309347376 [Stand: 30-09-2018]

die Besten der Besten einzustellen, weil man dort sehr leistungsorientiert arbeitet. Das ist aber auch einer der Gründe für das Scheitern vieler Teams. Es braucht weit mehr als nur hervorragende Kenntnisse in seinem Fachgebiet. Bei der Auswahl solltest Du auch auf folgende Kriterien achten:

- Fachwissen
- Erfahrung
- Werte
- Teamfähigkeit
- Diversität
- Motivation
- Aktuelle Position

Beim **Fachwissen** wirst Du insbesondere auch einen Blick darauf legen, wie aktuell das Wissen ist. In den meisten Industrien ändern sich Prozesse heute so schnell, dass es schwierig sein kann, mitzuhalten. Ein Programmierer, der Apps entwickelt und sich mit Swift schwertut, wird im Team Probleme haben.

Erfahrung ist immer wichtig, kann ein Team aber auch bremsen. Schaue hier weniger auf die Erfahrung mit dem Wesen des Projekts als darauf, in welchen Teams ein Bewerber bislang gearbeitet hat und welche Art von Projekten das war.

Die **Werte** bestimmen die Kultur eines Teams und sind deshalb enorm wichtig für die Zusammenarbeit. Sie sollten den Werten der einzelnen Teammitglieder nicht widersprechen. In dieser Phase geht es aber erst einmal darum, herauszufinden, welche Werte die einzelnen Mitglieder haben: Sehen sie die Aufgabe als Karrieremöglichkeit, wollen sie unbedingt vorankommen, sind sie hilfsbereit, was ist wichtig für sie in ihrem Leben, welche Ziele haben sie, worauf könnten sie niemals verzichten.

Bei der **Teamfähigkeit** wirst Du Dich vor allem darauf verlassen müssen, was die einzelnen Kandidaten zuvor gemacht haben, weil Du das in der Regel schlecht testen kannst. Es ist aber eine unausweichliche Voraussetzung: Du kannst in Auswahlgesprächen zum Beispiel erfragen, ob jemand seine Tasks lieber allein abarbeitet und dann die Ergebnisse in der Gruppe bespricht, oder diese gerne zusammen mit anderen erledigt. Sollte Software entwickelt werden, ist die Bereitschaft zum Pair-Programming ein guter Indikator, wie teamfähig Kandidaten sind. Bei kreativen Aufgaben kannst Du testen, wie weit jemand seine eigene Idee verteidigt oder bereit ist, auch vorgelegte Ideen zu akzeptieren.

Diversität ist keine politische Vorgabe, sondern ein wichtiges Element in der Funktionsweise von Teams. Es geht dabei weniger um bestimmte Quoten, oder darum, dass man um jeden Preis alle Kulturkreise abdecken muss. Vielmehr solltest Du darauf achten, dass es eine möglichst große Bandbreite an verschiedenen Hintergründen gibt. Denn das bringt immer auch neue und andere Sichtweisen mit sich. Ein homogenes Team wird sich schwerer tun, neue Ideen und Problemlösungen zu finden, als eines, das verschiedene Hintergründe aufweist. Diversität kann sich in der Anzahl von Frauen und Männern, verschiedenen kulturellen Hintergründen, unterschiedlichen Altersgruppen, aber auch anhand von verschiedenen beruflichen Erfahrungen ausdrücken.

Wenn Du mit Kandidaten sprichst, die für Dein Team infrage kommen könnten, dann solltest Du sie auch danach fragen, welche **Motivation** sie haben, hier mitzuarbeiten. Warum wollen sie Teil des Teams sein? Wollen sie neue Erfahrungen sammeln? Wollen sie Karriere machen? Sind sie am Projekt an sich interessiert? Freuen sie sich auf die neue Aufgabe? Aus den Antworten kannst Du ein wenig ableiten, wie motiviert ein Teammitglied sein wird. Denke aber daran, dass sich Motivation auch immer ändern kann: Wenn jemand qualifiziert erscheint und nur die Motivation noch zu wünschen übriglässt, dann kann ein guter Teamleader diesen durchaus noch antreiben und unterstützen.

Schließlich solltest Du Kandidaten fragen, welche **aktuelle Position** sie haben. Wer bislang große Teams geleitet hat, wird sich schwertun, in einem kleinen Team wieder nur ein Rad im Getriebe zu sein. Andere Kandidaten werden vielleicht nur Verantwortung für kleine Aufgaben gehabt haben und Probleme darin sehen, ihre Ideen in ein Team einzubringen. Auch hier wirst Du aber einschätzen müssen, welches Potenzial vorhanden ist. Mancher Scrum-Master freut sich auch darauf, mal wieder nur programmieren zu dürfen, und einige junge Talente wiederum brennen darauf, mehr als bislang machen zu dürfen.

Verstehe diese Kriterien aber nicht als eine Checkliste, die Du abarbeiten musst. Wichtiger ist immer der Gesamteindruck: Es gibt kein perfektes Teammitglied. Stattdessen wirst Du versuchen müssen, diejenigen zu finden, die am besten passen und sich auch ergänzen können. Denn ein Team soll und muss auch aus sich herauswachsen können, und das geht nur, wenn es auch innerhalb der Gruppe das Potenzial dazu hat, dass man voneinander lernen kann.

Wie soll das Team arbeiten?

Wenn Du Dein Team zusammenstellst, solltest Du Dir auch überlegen, wie es überhaupt arbeiten soll.
Die erste Entscheidung wird sein, welche Strukturen es geben soll. Ist das Team hierarchisch aufgebaut, und Aufgaben werden von oben nach unten verteilt, die Ergebnisse dann nach oben berichtet? Oder gibt es eine horizontale Struktur, in der Rollen nach Fähigkeiten vergeben werden und Entscheidungen im Konsens gefällt werden? Wirst Du ein klassisches Projektmanagement einsetzen oder aber moderne Methoden, wie Scrum oder andere agile Umgebungen? Auch bei den Rollen wirst Du Dich entscheiden müssen, wie diese auch umgesetzt werden, als Erstes natürlich Deine eigene Rolle als Teamleiter.

Es setzt sich zunehmend durch, dass Teams am besten funktionieren, wenn sie so **viele Informationen wie möglich haben** und Entscheidungen gemeinsam treffen. Beispiele dafür gibt es in vielen Bereichen: So hat eine Studie gezeigt, dass die Straßen in einem Staat in den USA im Winter am besten geräumt wurden, wenn die Räumteams zusammen die Aufgaben planten und zum Beispiel Schichtpläne vorbereiteten[4]. Noch deutlicher wird dies übrigens in der Arbeitsweise von Trauma-Teams in der Notaufnahme. Wird heute ein Patient

---

[4] Hiller, N. J.; Day, D. V.; Vance, R. J. (2006): Collective enactment of leadership roles and team effectiveness: A field study: Leadership Quarterly, S.387-397

eingeliefert, der schwer verletzt ist, wird ein Team gebildet, in dem es zwar verschiedene Rollen gibt, dem Einzelnen aber immer alle Informationen zur Verfügung stehen, ganz gleich welche Rolle er einnimmt (allerdings gibt es hier eine Person, welche die Entscheidungen treffen muss, weil keine Zeit für lange Diskussionen ist).

Versuche, die Methode dem Team anzupassen, nicht Deinen eigenen Vorlieben. Wenn Du vorher mit Scrum gearbeitet hast, das Team sich aber besser mit Extreme Programming auskennt, dann folge dem Team. Die beste Methode ist immer die, mit der Du am ehesten das Projekt erfolgreich abschließen kannst.

Wann Du die Strukturen festlegst, hängt ein wenig vom Umfeld ab, in dem Du Dich befindest, und auch vom Team, welches Du zusammengestellt hast. Viele Unternehmen haben bereits etablierte Strukturen und Methoden, um Projekte zu verwalten, und schreiben diese auch für alle Projekte vor. Andererseits wird es schwierig werden, ein Team, das bisher agile Umgebungen gewohnt war, in ein Wasserfallprojekt zu zwängen. Am besten ist es, wenn Du eine **Methode basierend auf Umgebung und Team auswählst,** sie aber dann nochmals mit dem Team besprichst und eventuell an dessen Bedürfnisse anpasst.

Du solltest aber auf jeden Fall eine **Methode festlegen, die alle Teammitglieder auch verstehen** und nachvollziehen können. Sie wird das Regelwerk der Teamarbeit werden und die täglichen Aufgaben bestimmen. Die Auswahl ist dabei groß und manchmal fließen Methoden auch ineinander, wie zum Beispiel bei Scrumban, einer Verbindung aus Scrum und Kanban. Mit den Methoden kommen auch die Regeln, die Du festlegen musst. Dieser Schritt kann zusammen mit dem Team gemacht werden, wenn vor dem Projektbeginn in der Planungsphase genügend Zeit bleibt. Manchmal werden die Regeln aber auch von der jeweiligen Methode vorgegeben.

Im nächsten Schritt geht es um die **Rollen, die jeder im Team** haben wird. Bei Methoden wie Scrum oder dem klassischen Projektmanagement sind bestimmte Rollen wie Product Owner und Projektmanager festgelegt und müssen besetzt werden. Beim Beispiel des Trauma-Teams sind diese Rollen zum Beispiel durch die Spezialkenntnisse definiert: Es braucht einen Radiologen, Notfallpfleger, Internisten, Anästhesisten und Kardiologen. Wenn es darum geht, ein Team der Straßenreinigung zu führen, gibt es zwar auch bestimmte Rollen (Fahrer, Beifahrer, Disponent, Lagerist), diese können aber meistens von allen Mitarbeitern ausgefüllt werden und rotieren deshalb oftmals. Auf jeden Fall aber wirst Du die Rollen definieren müssen und auch, was sie bedeuten: Was muss der Fahrer machen und was ist Aufgabe des Beifahrers, was muss der Pfleger in der Notaufnahme machen und was ist Job des Radiologen?

Es wird darüber hinaus auch Rollen geben, die die Arbeit des Teams insgesamt betreffen. So wird es eine Person brauchen, die bei Meetings die Notizen macht und entsprechend für die Teammitglieder aufarbeitet. Das muss keine bestimmte Person sein, sondern kann rotieren, aber die Rolle muss auf jeden Fall ausgeführt werden, und es liegt an Dir als Teamleiter, darauf zu achten.

Sowohl die **Methode als auch die Rollen werden dann festgeschrieben**, sodass sie jeder verstehen und auch jederzeit einsehen kann. Sie bilden das Fundament der Arbeit des Teams. Du wirst es als eine Aufgabe sehen, die Implementierung dieses Arbeitsplans zu überwachen und sicherzustellen, dass er einen reibungslosen Arbeitsablauf gewährt.

Führen ohne Hierarchie

Zunehmend wird der Begriff der **fluiden Führung** verwendet, der besagt, dass Führung nicht mehr einer Person zugeschrieben wird, sondern im Prozess verankert ist. Besonders sichtbar wird das bei agilen Methoden, aber auch bei Unternehmensorganisationen wie in der Holokratie, wo der klassische Chef komplett abgeschafft wurde.

Hintergrund dieser neuen Führungsansätze ist, dass die **Führung von oben nicht mehr mit einer hochrangig vernetzten Interaktion und einem komplexen Umfeld mithalten** kann. Der Unternehmensberater Thomas Schleiken benennt das Problem im Magazin Manager Seminare wie folgt[5]: „Strukturelle Macht verführt dazu, sich gedanklich zurückzulehnen – und zwar diejenigen, die sie nicht haben." Und weiter: „Ob sich der Machthaber nun Häuptling, Clanführer oder Vorgesetzter nennt – sich seine Sympathie zu sichern, war schon immer essenziell." Wenn Mitarbeiter aber damit beschäftigt sind, dem Chef zu gefallen, können sie die Arbeit nicht machen, für die sie eigentlich eingestellt wurden. Kann aber eine Abschaffung der Hierarchie dabei helfen? Experten sagen, dass es zumindest alternative Machtmodelle geben muss, damit kein Vakuum entsteht.

Eine davon ist die **Informationsmacht**: Wer viele Informationen hat, darf mehr entscheiden als jemand, der nicht viel

[5] Martens, A. (2015): Macht in Bewegung: Führen ohne Hierarchie: ManagerSeminare, Heft 207

weiß. Was politisch kaum möglich wäre, ist in einem Team aber durchaus sinnvoll: Wer sich mit der Lagerhaltung gut auskennt, kann bessere Entscheidungen treffen als ein Teamleiter, der das Lager nur aus seinen Tabellen am Computer kennt.

Eine andere, etwas unterschwellige Form ist die **Identifikationsmacht**, bei der es darum geht, dass man jenen folgt, die ein Gefühl der Gemeinschaft vermitteln können. Das erinnert wieder an die Rolle des Managers im Sport, und für Dich als Teamleiter ist das eine Machtform, die Du anstreben solltest, in welchen Strukturen auch immer das Projekt abläuft. Wenn Du in der Lage bist, Deine Mitarbeiter zu begeistern, dann werden sie Dir einfacher folgen. Natürlich geht das nicht, ohne dass Du auch Kompetenz hast.

Schließlich gibt es noch die **Expertenwissensmacht**, die ein Problem für Teams darstellen kann: Denn Du wirst zwar die Experten brauchen, um Probleme und Aufgaben zu lösen, aber das sollten diese nicht ausnutzen, um sich eine Machtposition aufzubauen. Wenn zum Beispiel eine neue Lagersoftware eingeführt werden soll, dann wirst Du als Teamleiter im Einkauf auch ein Wort mitzureden haben, und der Lagerist wird zwar sein Lager kennen, ist aber kein Softwareexperte.

Die Firma Process One, eine Beratungsfirma, hat sich in Themenbereiche organisiert, zum Beispiel Marketing, Personal, Finanzen, Produktentwicklung. Mitarbeiter können mehreren Kreisen angehören und haben in diesen unterschiedliche Verantwortungsgrade. Und zwar unabhängig von ihrem Titel. Dort bekommt der Geschäftsführer auch mal Anweisungen von seinem Angestellten, dass er beispielsweise etwas bis heute Abend fertigmachen soll.

Du wirst diese Themenkreis-Methode dann anwenden können, wenn es um größere Teams geht. Dabei wirst Du verstehen müssen, dass die **Verantwortungsgrade** nicht als Rang zu verstehen sind, wie bei einem Offizier beim Militär, sondern vor allem die Fachkompetenz ausdrücken sollen. In einem kleinen Team wird das automatisch so kommen, dass Mitglieder sich auch über ihren eigentlichen Fachbereich hinaus einbringen wollen und sollen.

Keine Hierarchien bedeutet aber eben nicht, dass es keine Führung gibt. Sie wird nur von einer Person losgelöst und den Aufgaben zugeordnet. Nur selten wird das in einer solchen reinen Form passieren. Selbst wenn Du in einem Unternehmen ein Team ohne Hierarchien organisierst, wirst Du innerhalb der Organisation noch in klassischen Strukturen eingebunden sein. Und selbst bei kleineren Firmen gibt es gesetzliche Vorgaben, zum Beispiel, dass es einen Geschäftsführer geben muss.

Deine **Führungsaufgaben als Teamleiter in einer flachen Organisationsstruktur** werden dann eher darin liegen, die Dynamik zu überwachen und das geeignete Umfeld zu bieten, in dem ein solches Team sich auch entfalten kann.

Entscheidungsprozess

Ein Prozess, der recht früh festgelegt werden muss, ist, wie Entscheidungen getroffen werden. Diese werde immer wieder anstehen:

- Jemand will oder muss das Team verlassen, wer übernimmt die Arbeit, bis ein entsprechender Ersatz gefunden ist?
- Die Finanzen laufen aus dem Ruder, wo kann gespart werden?
- Welche Aufgaben sollen zuerst abgearbeitet werden?

Grundsätzlich gibt es vier Wege, Entscheidungen zu treffen:

- Autokratisch
- Mehrheitsentscheidung

- Mehrheitsentscheidung mit Minderheitsvotum
- Konsens

Die **autokratische Entscheidung** wird heute kaum noch in Teams angewandt, zumindest nicht als Standardlösung. Als Teamleiter brauchst Du aber zumindest die Kompetenz, zum Beispiel ein Teammitglied aus dem Team entfernen zu können, wenn das absolut notwendig ist.

Sehr verbreitet, aber langfristig nicht besonders wirksam, sind **Mehrheitsentscheidungen**. Sie geben das falsche Gefühl, dass man sicher ist, weil die Mehrheit ja für oder gegen einen Vorschlag gestimmt hat. Allerdings ist das bei einem Team von 20 Mitgliedern, von denen 12 in eine Richtung entscheiden, nicht wirklich viel und lässt vor allem acht Mitarbeiter oftmals frustriert zurück. Dennoch kann das angewendet werden, wenn ein Problem schnell entschieden werden muss und Du die Entscheidung nicht ganz allein treffen willst. In so einem Fall kannst Du auch noch ein **Minderheitsvotum** hinzufügen, was vor allem dann gemacht wird, wenn man sich zum Beispiel rechtlich absichern muss. Es hat aber vor allem einen psychologischen Vorteil: Der Minderheit wird damit eine Stimme gegeben, sie hat das Gefühl, gehört zu werden, statt einfach von der Mehrheit unterdrückt zu werden.

Die beste Lösung, ist immer der **Konsens**. Dieser ist übrigens nicht mit einem Kompromiss zu verwechseln. Der **Kompromiss ist meistens der kleinste gemeinsame Nenner**, auf den sich alle einigen können – und der fast allen das Gefühl gibt, das Ziel nicht erreicht zu haben. Beim Konsens hingegen wird eine Lösung gefunden, die oftmals grundverschieden von den ursprünglichen Meinungen und Vorschlägen ist, dabei aber alle an Bord bekommt. Der Konsensprozess kann lange dauern und braucht einige Voraussetzungen[6]:

- In der Lage sein, zu akzeptieren, dass eine Zurückweisung der eigenen Ideen und Vorschläge keine Zurückweisung Deiner Person ist und auch nicht Deine Stellung innerhalb der Gruppe beeinflusst.
- Willens sein, in der Diskussion mit anderen nicht Recht zu haben, sondern Gemeinsamkeiten zu finden.
- Sicherstellen, dass jene, die nicht einer Meinung sind, dennoch die Chance haben, gehört zu werden.
- Es möglich machen, dass jeder das Recht und die Chance hat, über Gegenvorschläge nachzudenken und eventuell einen eigenen Vorschlag zu machen oder Veränderungen vorzuschlagen.

[6] The Open University; Hall, W.; Keynes, M. (2016): How Teams Work

- Immer auf der Suche nach Konsens zu sein, um das Team weiterzubringen und zu einigen.
- Bereit sein, so lange zu diskutieren, bis ein Konsens gefunden ist.

Warum der Entscheidungsprozess wichtig ist:

- Er gibt Dir Klarheit, wie etwas entschieden wird.
- Er gibt dem Team Klarheit, wie Entscheidungen getroffen werden.
- Er legt dar, wie Entscheidungen getroffen werden.
- Er legt fest, wer Entscheidungen trifft.

Missionen und Ziele definieren und kommunizieren

Während die Methoden und die Rollen sehr formale Aufgaben sind, solltest Du bei der Formulierung der Ziele und der Mission des Teams eher das Blickfeld erweitern und das Projekt in seinem Zusammenhang erklären. **Jedes Team arbeitet besser zusammen, wenn es den Gesamtzusammenhang versteht,** wenn mit der Arbeit auch eine Mission verbunden ist, die erfüllt werden muss. Das können auch kleine Dinge sein: Bei der Straßenreinigung ist die Mission nicht nur die Straßen zu reinigen, sondern den Bürgern eine saubere Stadt zu bieten. Die **Vision** wäre in diesem Fall, die Lebensqualität in der Stadt zu erhöhen und einen Beitrag für den Umweltschutz zu liefern. Wenn Du in einem Restaurant arbeitest und dort der Manager bist, dann wird die Vision sein, den Gästen ein unvergessliches Erlebnis zu bieten und die Mission, die Gäste jeden Tag glücklich zu machen.

Während die Vision und die Mission eher allgemein formuliert werden, müssen die **Ziele** sehr konkret sein. Das Tagesziel eines Straßenräumteams kann sein, dass eine bestimmte Anzahl von Straßen geputzt werden müssen. Die eines Restaurants ist es, einen bestimmten Umsatz zu erreichen. In der Softwareentwicklung ist das Ziel eines Teams, ein Produkt zu entwickeln, welches den Anforderungen und Bedürfnissen des Kunden entspricht. Ziele werden am besten verstanden, wenn sie quantifiziert sind. **Du wirst Deinem Team am besten Ziele verständlich machen, wenn Du sie in Zahlen ausdrücken** kannst. Das können Deadlines sein, bis wann ein Produkt fertig sein muss, ein bestimmter Profit, der pro Monat erwirtschaftet sein muss, oder aber im Fall eines Krankenhauses, wie viele Patienten versorgt werden müssen oder wie viele Betten belegt sein müssen. Ziele sollten konkret und realistisch formuliert werden, Du wirst aber immer wieder feststellen, dass sie manchmal nicht erreicht werden. Das ist nicht schlimm, denn sie haben bis dahin dem Team immerhin Motivation und Orientierung gegeben und können auch immer wieder angepasst werden.

Eine große Herausforderung für jeden Teamleiter ist es, die Ziele und Visionen so zu kommunizieren, dass sie auch verstanden und umgesetzt werden können. Hierfür gibt es kein einfaches Erfolgsrezept, es hängt stark von Deiner Persönlichkeit ab, wie Du mit Deinem Team kommunizierst. Einfacher ist es immer, wenn Du mit den Teammitgliedern persönlich zusammensitzen kannst. Bei virtuellen Teams ist dieser Teil oft der schwierigste, vor allem wenn er über Zeitzonen verteilt stattfindet. Versuche, die Ziele und Missionen so einfach wie möglich zu formulieren und frage Dein Team nicht nur, ob es diese verstanden hat, sondern vor allem auch, wie.

Beantworte Dir selbst folgende Fragen:

Wie kannst Du die Vision umsetzen?

Wie verstehst Du die Mission?

Was kann dabei helfen, die Ziele zu erreichen?

Warum Missionen und Ziele wichtig sind:

- Du legst damit eine klare Richtung fest, in die gegangen wird.
- Es macht deutlich, dass alle im Team eine gemeinsame Aufgabe haben.
- Das Team kann sich mit dieser Aufgabe identifizieren.
- Es stellt sicher, dass das Team weiß, warum es existiert.
- Hilft dabei, zu verstehen, wohin man geht und warum.

Vertrauen schaffen

Als Teamleiter wirst Du immer wieder auch Entscheidungen treffen müssen, die schwierig sind und mit denen nicht jeder im Team einverstanden sein wird. Damit diese aber akzeptiert werden, müssen die Mitglieder des Teams Dir vertrauen können. Du wirst ihnen glaubhaft machen müssen, dass Du ihnen gegenüber ehrlich bist. Am einfachsten wirst Du das erreichen, indem Du Deinem Team das Gefühl gibst, in Sicherheit zu sein. Vertrauen schafft man nicht durch Worte, sondern durch Taten. Ein Teamleiter, der sich vor sein Team stellt, wird Vertrauen eher bekommen als jemand, der sein Team bei Kritik von außen nicht verteidigt.

Der Formel 1 Fahrer Sebastian Vettel hat mit Ferrari in der Saison 2018/2019 einige Probleme gehabt, weil das Team falsche Entscheidungen zum Beispiel beim Zeitpunkt des Reifenwechsels oder bei der Reifenwahl getroffen hat. Dennoch stellte er sich vor das Team, nahm die Kritik zwar an, ohne aber sich vom Team selbst zu lösen. Vettel spricht fast immer in der Wir-Form, auch wenn er mit Entscheidungen des Teams oder der Teamleitung nicht zufrieden ist.[7]

[7] Duncan, P. (2018): Sebastian Vettel: We stood no chance the way that we raced in Singapore. URL: https://www.telegraph.co.uk/formula-1/2018/09/16/sebastian-vettel-stood-no-chance-way-raced-insingapore/ [Stand: 10-10-2018]

Eine weitere Form der Vertrauensbildung ist größtmögliche Transparenz. Wer dem Team so viele Informationen wie möglich gibt, wird nicht nur den Output und die Kreativität verbessern, sondern auch zeigen, dass man nichts zu verbergen hat. Das gilt übrigens auch für Probleme: **Manche Teamleiter neigen dazu, ein Problem selbst lösen zu wollen**, weil sie glauben, dass das ihre Aufgabe ist. Das Team erfährt davon dann erst, wenn die Lösung bereits gescheitert ist, und wird sich fragen, warum der Teamleiter nicht früher damit ankam.

Wenn Du Dein Team früh in die Verantwortung nimmst, wird das ebenfalls das Vertrauen stärken. Versuche das einmal bei der Risikoanalyse. Frage das Team, welche Risiken es für das Projekt gibt, welche Risiken es im Team sieht und wie es die Risiken bewertet.

Warum Vertrauen wichtig ist

1. Es hilft Dir, das Team einfacher zu führen.
2. Es bietet eine enge Bindung zwischen dem Team und Dir.
3. Es ist eine gute Grundlage der Zusammenarbeit.
4. Es hilft dabei, Konflikte zu lösen.

Sensemaking

Der englische Begriff lässt sich etwas flapsig ins Deutsche mit „Der Erklär-Bär sein" übersetzen. Du wirst als Teamleiter immer wieder Ereignissen gegenüberstehen, die das Umfeld, in dem Dein Team arbeitet, verändern. Das kann ein Umzug des Teams in ein neues Gebäude, eine plötzliche Veränderung des Projektziels, eine Zusammenlegung oder Erweiterung des Teams oder aber eine finanzielle Veränderung sein. **Veränderungen, die von außen kommen, werden immer einen Einfluss auf das Team haben** und Deine Aufgabe ist es, die Veränderung einzuschätzen und diese Einschätzung dem Team zu erläutern. Damit nimmst Du dem Team zum einen die Angst vor einer etwaigen Veränderung, zeigst aber gleichzeitig auch, dass Du bereit bist, das Team durch diese Phase zu führen und Sicherheit zu bieten. Allerdings solltest Du es auch nicht übertreiben: Ein Team möchte auch nicht ständig belehrt werden.

Es gibt aber auch noch einen anderen Ansatz, in dem das Team selbst versucht, **Entwicklungen und Beobachtungen besser zu verstehen**. Folgt man der Theorie von Karl Weick, der erstmals von Sensemaking gesprochen hat, so versuchen wir Menschen immer, Probleme basierend auf unserem Erfahrungsschatz zu lösen (und dabei kommen uns immer die zuletzt gemachten Erfahrungen in diesem Zusammenhang in den Sinn). Oft genug kann es Situationen geben, die so neu sind, dass man keine entsprechenden Erfahrungen gemacht hat und damit dann nicht umgehen kann. Damit das nicht wieder passiert, müssen diese Erfahrungen als Team verarbeitet und abgespeichert werden.

Der tragische Absturz von Germanwings 9525 basierte auf einer nicht vorhergesehenen Situation: Man konnte sich nicht vorstellen, dass ein Pilot den anderen aus dem Cockpit aussperrt. Man konnte sich auch nicht vorstellen, dass ein Pilot Depressionen vor seinem Arbeitgeber verbergen kann. Erst durch diese Erfahrung entstand eine Regelung, dass immer zwei Personen, davon einer ein Pilot, im Cockpit sein müssen. Die Behörden und Sicherheitsgremien waren sich aber auch einig, dass man Piloten nicht ständig auf ihre Psyche untersuchen kann und stattdessen versucht, das Thema Depressionen auf internen Schulungen zu verankern. Solche "After Action Reviews" nach Unglücken schließen so viele Beteiligte wie möglich ein, um das Wissen darüber breit zu verteilen.

Im Sensemaking Prozess wird ein Teamleiter in so einer Situation auch erklären, welche Auswirkungen das für das Team selbst hat. Zum Beispiel könnte man den Flugbegleitern erläutern, welche Auswirkungen Depressionen im Team noch haben könnten, und wie man diese erkennen kann, weil es natürlich nicht nur Piloten betrifft. Du würdest in diesem Fall auch eine generelle Einführung in psychische Probleme geben und darauf eingehen, wie man sie erkennen kann.

Warum Sensemaking sinnvoll ist:

1. Kann dem Team dabei helfen, Prozesse innerhalb des Teams besser zu verstehen.
2. Hilft dem Team dabei, Prozesse zu verstehen, die außerhalb des Teams ablaufen.
3. Erleichtert es dem Team, Ereignisse besser zu verstehen.
4. Hilft dem Team, interne Strukturen und Prozesse zu verstehen.
5. Unterstützt das Team dabei, unklare Ereignisse einordnen zu können.

Feedback für das Team

Nicht nur in agilen Umgebungen spielt Feedback eine große Rolle. Es stellt sicher, dass Mitarbeiter motiviert werden, aber auch dass Probleme rechtzeitig angesprochen und Lösungen gefunden werden. Feedback hilft dem Team, seine vergangenen Tätigkeiten zu evaluieren und Arbeitsabläufe zu verbessern. Du wirst Dir in der Planungsphase Gedanken machen müssen, wie Du dem Team Feedback geben willst. Dazu stehen Dir einige Instrumente zur Verfügung:

- Persönliche Gespräche
- Gruppenmeetings

- Workshops
- Pinboards
- Ticketing system
- Milestones
- KPIs

Studien haben gezeigt, dass ein **Feedback, welches auch die Leistungen der einzelnen Teammitglieder einschließt, diesen helfen kann, sich zu verbessern**[8]. Allerdings ist der Grat schmal, denn oft genug können KPIs einen Druck ausüben, der die Leistung unter Umständen auch verringern kann. Als Teamleiter ist es Deine Aufgabe, ein Projekt mithilfe des Teams fertigzustellen, das sollte immer wichtiger sein als die Leistungen der Einzelnen. Das beste Feedback ist eines, das weniger die Leistungen bewertet als Hilfe gibt, Schwächen zu verbessern und Stärken anzuerkennen. Welche Methode Du dabei anwendest, ist dann nicht mehr so wichtig.

Natürlich gibt es immer wieder Situationen, wo ein Mitarbeiter auch **negatives Feedback** bekommen muss, wenn beispielsweise jemand sehr nachlässig war, immer zu spät

---

[8] Gibson, C.; Vermeulen, F. (2003): A healthy divide: Subgroups as a stimulus for team learning behavior, Administrative Science Quarterly, S.202-239

kommt oder Probleme im Team verursacht. Dann wirst Du mit der Person ein ernstes Wort reden müssen.

Auf keinen Fall solltest Du Kritik an einzelnen Mitarbeitern vor der Gruppe ausüben, wenn es nicht mit einem **konkreten Vorschlag verbunden ist, aus dem Fehler zu lernen**. Es versteht sich von selbst, dass ein herumschreiender Teamleiter ein absolutes No-Go ist, egal, welchen Fehler jemand im Team gemacht hat. Du solltest auch immer erst einmal das persönliche Gespräch suchen. Solltest Du nicht am Ort sein, dann warte, bis Du wieder im Büro bist. Chefs und Teamleiter, die negatives Feedback über E-Mail oder SMS geben, demotivieren den Mitarbeiter, der in Zukunft von Angst gesteuert sein wird, keinen Fehler zu machen – was oft genug zu noch mehr Fehlern führt.

Arbeitest Du mit virtuellen Teams, dann sollte ein negatives Feedback am besten in einem Videocall gemacht werden, nicht im Slackstream oder per Nachricht. Schon die Tatsache, dass man sich von **Angesicht zu Angesicht** gegenübersitzt, reicht aus, um eine bessere Grundstimmung zu schaffen und eine entspanntere Gesprächssituation zu ermöglichen.

Übrigens gibt es nicht nur Feedback, das von Dir kommt, sondern auch das der Mitarbeiter über Dich und das der Mitarbeiter untereinander. Hier gibt es ähnliche Mechanismen. Gerade Feedback an Dich kann oft für den Mitarbeiter unangenehm sein, denn er oder sie wird Bedenken haben, den

Teamleiter zu kritisieren. Es liegt dann an Dir eine Atmosphäre zu schaffen, in der alle so offen miteinander umgehen, dass Feedback und Kritik nicht persönlich genommen werden und eine Position im Team kein Grund dafür ist, jemandem kein Feedback zu geben.

Manchmal kann es auch sinnvoll sein, dass Dein Team sich untereinander Feedback gibt, ohne dass Du dabei eingebunden bist. Du solltest das auf jeden Fall fördern, denn oftmals geht es dabei um fachliche Dinge, die die Mitarbeiter am besten unter sich ausmachen. Sie wollen wissen, dass sie dennoch zu Dir kommen können, wenn sie nicht mehr weiterwissen.

Warum Feedback sinnvoll ist:

- Es belohnt die Arbeit der Teammitglieder auf Basis der aufgestellten Regeln.
- Es hilft, die Performance des Teams gemeinsam zu erörtern.
- Du kannst so Probleme ansprechen, von der Teamleistung über die Tagesarbeit bis hin zu Unternehmensnachrichten.
- Lobt das Team, wenn es gute Arbeit gemacht hat.
- Hilft, Fehler zu vermeiden.

Weiterbildung

Wenn Du Dein Team über einen längeren Zeitraum leiten solltest, dann wirst Du Dich auch damit beschäftigen können, wie Du Dich und Deine Mitarbeiter weiterbringst. Gerade in technischen Teams ist eine **ständige Weiterbildung** wichtig und Du solltest Dir in der Planungsphase überlegen, wie und wann das umgesetzt werden soll. Manche Firmen sehen eine Weiterbildungsmaßnahme immer noch als eine Belohnung für besonders fleißige Mitarbeiter an, aber die meisten Management- und Personalexperten raten davon ab. **Weiterbildung ist keine Ausnahme, sondern sollte die Regel sein** und allen zur Verfügung stehen, wenn auch nicht unbedingt immer zum gleichen Zeitpunkt. Es kann natürlich auch der Fall sein, dass Weiterbildungsmaßnahmen zentral von der Personalabteilung verwaltet werden.

Trend zur Transparenz

Da viele Start-ups klein anfangen haben und ihr Unternehmen eher wie ein Projekt organisiert ist, versuchen sie so transparent wie möglich zu sein. Gerade in der Softwareentwicklung ist Transparenz wichtig, zum Beispiel, wenn man in einem agilen Framework arbeitet. Manche Teamleiter befürchten hingehen, dass zu viel Transparenz auch überfordern kann. Wie viel ist also angebracht?

Die österreichische Firma Buffer hat da einen sehr radikalen Ansatz: Hier weiß jeder alles, von den Umsätzen bis zu den Lieblingsbüchern der Mitarbeiter. Sogar firmeninterne E-Mails sind jedem im Betrieb zugänglich. Bei der Kölner Firma Giant Swarm sind sogar die Gehälter offen kommuniziert. Der Mitgründer Oliver Thymann begründet das in einem Interview mit dem Magazin Manager Seminare[9] *damit, dass Geheimniskrämerei dem Unternehmen einfach nicht guttun würde. Die Firma Haufehumantis hat zum Beispiel Mitarbeiter sehr frühzeitig über Investorenverhandlungen informiert.*

Was bringt Dir als Teamleiter Transparenz? Vor allem Ruhe im Team. Denn Du wirst wichtige Dinge, die das Team, seine Arbeit und das Umfeld betreffen, ohnehin nicht lange geheim halten können. Wenn aber erst einmal Gerüchte aufkommen, wirst Du es schwer haben, die Kontrolle zu haben. **Zum einen schafft Transparenz Vertrauen**, zum anderen aber auch eine einfachere Arbeitsgrundlage. Informationen sind schneller verfügbar, das Team ist in der Lage, das Gesamtbild zu verstehen. Bei der Drogeriekette dm hat man zum Beispiel eine eigene Infoabteilung eingerichtet, die nur dafür da ist, Filialen und Mitarbeitern die Informationen zu liefern, die benötigt werden.

---

[9] Jumpertz, S. (2016): Zukunft der Führung, Transparenz total?, ManagerSeminare, Heft 223

Autorin Sylvia Jumpertz[10] gibt für Manager folgende Tipps, wenn es um das Ausmaß der Transparenz geht:

- Transparenz muss einen guten Grund haben.
- Es gilt das Prinzip der Kosten-Nutzen-Abwägung.
- Führungskräfte müssen ehrlich mit sich selbst sein.
- Mitarbeiter wissen am besten, was sie brauchen.
- Transparenz braucht Kommunikation.
- Transparenz braucht Vertrauen.
- Transparenz braucht den richtigen Background.

[10] Jumpertz, S. (2016): Zukunft der Führung, Transparenz total?, ManagerSeminare, Heft 223

Durchführung

Wenn das Team zusammengestellt ist, die Mitglieder Dich als Leiter anerkannt haben und schätzen und zudem die Regeln klar sind, dann kann es an die Arbeit gehen. Für Dich als Teamleiter verändert sich die Rolle jetzt. Du wirst in der Durchführungsphase zum einen nah am täglichen Geschehen sein, zum anderen aber auch immer wieder zurücktreten müssen, um das Gesamtbild mit etwas Abstand betrachten zu können. Während der Durchführungsphase gibt es wie auch bei der Vorbereitung einige Aufgaben, die Du erfüllen musst. Auch hier ist die Reihenfolge der aufgelisteten Aufgaben nicht so wichtig wie die Tatsache, dass sie erfüllt werden. In der Durchführungsphase sind Steuerungen immer auch mit direkten Auswirkungen verbunden.

Wenn Du jetzt etwas in der Teamzusammensetzung änderst, wird das weitaus gravierendere Auswirkungen haben, als wenn das noch in der Planungsphase geschieht. Bisweilen wirst Du das nicht vermeiden können, sei Dir aber bewusst, dass Du in einem komplexen Umfeld operierst.

Teams überwachen

Eine der vornehmlichen Aufgaben eines Teamleiters ist es, das Team zu überwachen. Allerdings kann dieses Wort etwas in die Irre führen, denn Du sollst natürlich nicht ständig schauen, was Dein Team gerade macht. Auf keinen Fall solltest Du übrigens die Rechner kontrollieren oder gar sämtliche E-Mails Deines Teams lesen. **Überwachen bedeutet nicht, Big Brother zu sein**, sondern zu wissen, was im Team vor sich geht, weil das Team es transparent macht. Im Englischen wird der Ausdruck „monitoring the team“ verwendet, was Deiner Aufgabe schon etwas näherkommt – Du beobachtest das Team in seiner Arbeit. Wie sieht das aber konkret aus? Sitzt Du an Deinem Tisch und schaust den Teammitgliedern beim Arbeiten zu? Natürlich nicht. Ein großer Teil dieser Aufgabe besteht aus der Analyse von Daten.

In jedem Projektmanagement gibt es Tools, die den Projektfortschritt anzeigen. Sie geben Dir Grafiken und Statistiken aus, die sich aus den jeweiligen Team-Performances errechnen lassen. Solche sind beispielsweise:

- Wie viele Tasks werden abgearbeitet?
- Welche Ressourcen werden wie intensiv verbraucht?
- Ist die Arbeit gleichmäßig verteilt?
- Wird der Zeitplan erfüllt?
- Wie schnell werden Probleme gelöst?

- Wird das Budget eingehalten?
- Bei Scrum: Wie entwickelt sich der Burndown-Chart?

Die meisten dieser Aufgaben sind klassische Tasks eines Projektmanagers, der Du meistens als Teamleiter auch bist. Aber neben den harten Fakten gibt es auch die weichen Faktoren, auf die Du achten solltest:

- Wie ist der Krankenstand?
- Gibt es sichtbare Konflikte?
- Wie wohl fühlen sich die Teammitglieder?
- Hat das Team alles, was es braucht, um zu arbeiten?
- Gibt es gruppendynamische Prozesse, die das Team stören?

Wie Leader in einer Stresssituation die Ruhe bewahren und das Team leiten, zeigen am besten die Notaufnahmen in Krankenhäusern, in denen es sogenannte Traumabetten gibt. Hier werden Schwerstverletzte und meist in Lebensgefahr befindliche Patienten eingeliefert und umgehend von einem Spezialisten-Team versorgt. Dieses Team hat einen Leiter: Der Leiter ist ein erfahre-

ner Notarzt oder Chirurg, der alle diagnostischen Entscheidungen trifft und Behandlungsanweisungen am Traumabett gibt. Er steht am Fuß des Bettes, und hat keinen direkten Kontakt mit dem Patienten. Er muss in der Lage sehen, alles was sein Team macht, sehen zu können. Er spricht dabei mit dem Team, welches am Patienten arbeitet, aber auch anderen Abteilungen, zum Beispiel dem OP oder der Radiologie. Er sagt an, welche Prozeduren notwendig sind, welche diagnostischen Methoden angebracht sind und gibt direkte Anweisungen. Er notiert dann die wichtigsten Diagnosen und Behandlungen in der Patientenakte.

In diesem Fall hat der Teamleader eine eher autokratische Rolle, die aber auch nötig ist. Gleichwohl muss er sich zu 100 Prozent auf sein Team und die Spezialisten verlassen können. Solche Trauma-Teams arbeiten unter großem Druck und müssen dabei eine hochprofessionelle Einstellung haben, vor allem auch weil die emotionale Belastung nicht zu unterschätzen ist.

Grenzen erkennen und erklären

Das Beste, was Dir als Teamleiter passieren kann, ist ein hochmotiviertes Team, das es gar nicht erwarten kann, mit der Arbeit anzufangen und damit auch gar nicht mehr aufhören will. Und soweit das Projekt nach wie vor gut voranschreitet, ist das auch eine gute Sache. Es kann aber auch passieren, dass das **Team ein wenig zu schnell ist und dann Fehler passieren**. Ein anderes Problem, welches auftauchen kann, ist, dass das Team über das Ziel und seinen Verantwortungsbereich hinausschießt. Und schließlich kann es bei Projekten, in denen mehrere Teams zusammenarbeiten, immer wieder zu Verständigungsproblemen und Kommunikationsfehlern darüber kommen, wer welche Aufgaben übernimmt. Der Teamleiter wird hier gefordert sein, zunächst die Grenzen, in denen sich das Team bewegen kann, zu erkennen und diese dann auch dem Team zu erklären.

In einem Softwareprojekt wird dem Team große Freiheit gegeben, wie die geforderten Features für eine App programmiert werden. Das Team besteht aus jungen Programmierern, die sich entscheiden, nach der iOS Variante auch die Android-Version mit Swift zu gestalten, einer von Apple entwickelten Umgebung, die erst kürzlich auch zu Android portiert wurde. Allerdings gibt es hier noch

viele Einschränkungen, und das Team verbringt viel Zeit damit, diese zu lösen, statt die eigentlichen Features zu programmieren. An dieser Stelle ist es Deine Aufgabe, einzuschreiten und darzulegen, warum diese Lösung das Projekt in Gefahr bringen kann.

Die Grenzen können auch gegenüber anderen, insbesondere gegenüber Stakeholdern, gezogen werden. Wenn zum Beispiel andere Abteilungen die Ressourcen Deines Teams anzapfen wollen, oder aber bestimmte Aufgaben von anderen Teams direkt an Deine Teammitglieder weitergegeben werden, dann solltest Du hier eingreifen und klare Regeln aufstellen, wie von außen mit Deinem Team kommuniziert werden kann. Meistens müssen Anfragen an Dich gestellt werden, sollte es Instrumente wie Slack geben, können diese auch elektronisch gemacht werden, zum Beispiel indem man einen Gruppenchat eröffnet und diskutiert, ob diese Anfrage auch bearbeitet werden kann, ohne den Teamfortschritt zu gefährden. **An erster Stelle steht immer, dass Du Dein Team in Ruhe arbeiten lässt und vor Störungen so weit wie möglich schützt.**

Das Team herausfordern und motivieren

Hochmotivierte Teams werden bald der Routine der täglichen Arbeit überdrüssig werden. Je besser ein Team ist, umso eher wird ihm langweilig und es braucht neue Herausforderungen. Schon bei der Planungsphase solltest Du Dir Gedanken machen, wie das Team später herausgefordert werden kann, aber in der Durchführungsphase wird das besonders wichtig werden. Die einfachste Methode ist natürlich, wie auf den alten römischen Galeeren, die Schlagzahl zu erhöhen und einfach mehr Tasks in die Liste zu packen. Allerdings wird das schnell zurückfeuern, denn **Dein Team will nicht mehr Aufgaben, sondern vor allem andere und interessantere**. Dabei darf natürlich die eigentliche Arbeit auch nicht vergessen werden.

Jack Welch[11], der ehemalige CEO von General Electric, hat einmal die berühmten Worte gesagt: „Bevor du ein Führer wirst, liegt der Erfolg darin, selbst zu wachsen. Wenn du ein Führer bist, dann liegt der Erfolg darin, dass die anderen wachsen können."

---

[11] Hedges, K. (2015): Four Ways To Challenge Employees To Reach Their Potential. URL: https://www.forbes.com/sites/work-in-progress/2015/02/19/four-ways-to-challenge-employees-to-reach-their-potential/#32d34b862889 [Stand: 05-10-2018]

Herausforderungen sind heutzutage vor allem Veränderungen. In der modernen Arbeitswelt kommt weiter, wer in der Lage ist, sich schnell anzupassen und in komplexen Umgebungen zu funktionieren. Deshalb können motivierende Maßnahmen schon darin liegen, die Umgebung zu verändern. Gleiches gilt für die Arbeitsprozesse.

Im Extreme Programming werden immer wieder neue Paare von Programmierern gebildet, die zusammen Code schreiben. Hintergrund ist, dass beide voneinander lernen können, und dass sie in der Lage sein müssen, sich immer wieder auf einen neuen Partner einstellen zu müssen. Das trainiert die innere Flexibilität, bringt aber auch das Team als solches voran, weil sich die Teammitglieder ständig intern weiterentwickeln. Allerdings besteht auch die Gefahr, dass sich Programmierer ausgebremst fühlen können, wenn sie jemanden an der Seite haben, der einen anderen Wissensstand hat.

Eine intellektuelle Herausforderung ist immer besser, als nur die Outputzahlen zu erhöhen, wie auch Studien bewiesen haben: Viele Aspekte der Führung eines Teams werden in der intellektuellen Stimulation der Führung selbst reflektiert, hatten Forscher herausgefunden[12]. Es zeigt sich aber auch, dass es eine solche Stimulierung für die Teammitglieder braucht, die sich zum Beispiel Gedanken machen, ob die Führung auch fit genug für die Zukunft ist. Der Wissenschaftler Robert T. Keller hatte in seiner Studie in Forschungsteams mit intellektueller Stimulation in Form von Sätzen wie „Ermöglicht es mir, alte Probleme in neuem Licht zu sehen" versucht, zu bestimmen. Er erkannte eine **positive Beziehung zwischen einer intellektuellen Stimulierung und den Bewertungen des Managements** durch das Team, aber auch die Bewertung des Projekts. Später fand er sogar heraus, dass es einen Zusammenhang zwischen einer solchen Stimulierung und der Profitabilität eines Projekts gab.[13]

Solche intellektuellen Herausforderungen können auch einfach nur Problemlösungen sein. Wie schon oft angesprochen neigen Teamleiter dazu, Probleme erst einmal selbst lösen zu wollen. Dabei kann die Problemlösungen auch vom Team erledigt werden, und das bringt meistens auch gleich mehrere Vorteile mit sich:

---

[12] Bass, B. M. (1985): Leadership and performance beyond expectations., The Free Press, New York

[13] Keller, R. T. (2006): Transformational leadership, initiating structure, and substitutes for leadership: A longitudinal study of research and development project team performance: Journal of Applied Psychology, S.202-210

- Das Team kann mehrere Lösungsansätze entwickeln.
- Teammitglieder bekommen Verantwortung übertragen.
- Es gibt eine Herausforderung abseits von der Tagesarbeit.
- Das Team kann gemeinsam an der Lösung arbeiten.
- Es nimmt Druck vom Teamleiter.

Ein Team, das herausgefordert wird, ist auch meistens motivierter, weil es Spaß an der Arbeit hat und einen breiteren Sinn in dem sieht, was es tut. Ein Teamleiter wird aber auch immer wieder einzelne Teammitglieder motivieren und herausfordern müssen. Bei der Motivation von Mitarbeitern gibt es ebenfalls verschiedene Ansätze. Zu diesen gehören:

Belohnungen: Du kannst ein Teammitglied natürlich versuchen, mit klassischen Belohnungen wie Gehaltserhöhungen oder Vergünstigungen zu motivieren. Allerdings zeigen immer mehr Studien, dass solche Effekte nicht sehr lange nachwirken und die Mitarbeiter dann wegen des Geldes arbeiten, nicht aber motiviert sind, das Projekt an sich zu unterstützen. Außerdem wirkt sich das nicht immer positiv auf die Team-Performance aus, weil dadurch Einzelkämpfer geschaffen werden. Allerdings kann es beispielsweise dann hilfreich sein, wenn ein Mitarbeiter abgeworben werden soll oder sein Lebensumfeld sich verändert, man ihn aber halten will.

Lob und Anerkennung: Wir hören alle gerne, dass wir unseren Job gut machen und freuen uns, wenn der Chef uns lobt. Als Teamleiter solltest Du immer wieder auch einzelne Teammitglieder für ihre Arbeit loben. Am besten machst Du das, wenn sie etwas Spezielles geschafft haben, wie z. B., wenn sie einen besonderen Teil von Code geschrieben, ein tolles Logo gestaltet oder ein Problem gelöst haben. Studien haben gezeigt, dass es besser ist, die Prozesse zu loben, die dazu geführt haben, als die reine Intelligenz. Untersuchungen bei Kindern[14] beweisen recht gut, dass solche, denen man eine hohe Intelligenz und viel Talent nachgesagt hat, schlechter abschneiden als jene, bei denen man die Art und Weise, wie sie Probleme angehen, gelobt hat. Der Grund liegt darin, dass Intelligenz und Talent als eine feste und unveränderliche Größe angesehen werden. Wer intelligent ist, verlässt sich darauf und sieht keine Notwendigkeit (und auch Möglichkeit), weiter zu wachsen. Wer aber ein „Growth-Mind-Set" hat, ist bereit, sich immer weiter zu verbessern. Versuche als Teamleiter diese Einstellung zu fördern.

---

[14] Dweck, C. S. (2015): The Secret to Raising Smart Kids: Scientific American. URL: https://www.scientificamerican.com/article/the-secret-to-raising-smart-kids1/ [Stand: 20-09-2018]

Die Firma Dornseif, ein Winterdienstunternehmen, ist ein gutes Beispiel, wie eine Unternehmensphilosophie auch die kulturelle Vielfalt beinhaltet und damit die Motivation fördert. „Wir pflegen einen sehr familiären Führungsstil, der gekennzeichnet ist durch Vertrauen und Respekt. Dieser partnerschaftliche Führungsstil und die offene und mitarbeiterorientierte Führungskultur schaffen eine einzigartige Unternehmenskultur", beschreibt Dornseif[15] *seinen Ansatz auf seiner Webseite, der als „Dreamwork" sogar einen Warenzeichenschutz hat. Er bestand zunächst aus drei Säulen: Arbeits- und Gesundheitsschutz, Vereinbarkeit von Beruf und Familie und Diversität. Mittlerweile ist Umweltschutz dazugekommen. Den Beschäftigten stehen eine freie Pausenregelung, Zuschüsse bei der Kinderbetreuung und ein Home-Office-Koffer zur Verfügung: Dieser enthält alles, was die Beschäftigten für einen Arbeitstag zu Hause brauchen. Auch ihre Arbeitszeiten können alle Beschäftigten flexibel gestalten – sofern es nicht gerade schneit.*

Wie gut das Konzept funktioniert und wie motiviert die Arbeiter sind, zeigt eine Anekdote: Damit die muslimischen Mitarbeiter beten können, wurde ein Gebetsraum eingerichtet. Die Arbeitsmoral ist aber so hoch, dass der Firmenchef die

[15] Dornseif: Wofür wir stehen. URL: http://www.dornseif.de/unternehmen/philosophie/ [Stand: 10-09-2018]

Angestellten auch schon mal daran erinnern muss, ihr Gebet nicht zu vergessen.

Der Grund für so viel Fürsorge liegt in der Arbeitsplatzbeschreibung: Schneeräumen ist zum einen saisonal bedingt, zum anderen unberechenbar, was das Wetter angeht. Es kann schon einmal vorkommen, dass es tagelang schneit und dann müssen die Arbeiter fast rund um die Uhr bereitstehen. Das geht nur, wenn sie zum einen motiviert sind, zum anderen sich aber auch keine Sorgen um ihre Familie oder die Arbeitssicherheit machen müssen.

Neue Aufgaben

Besonders stark werden einzelne Teammitglieder auch dadurch motiviert, dass Du ihnen neue Aufgaben gibst. **Wir sind heute so spezialisiert in dem, was wir tun, dass wir es auch unter Beweis stellen wollen**. Dazu muss dem Mitarbeiter auch der Rahmen gegeben werden. Das bedeutet nicht, dass jemand aus dem Team entfernt werden muss. Gleichwohl wird es im Team auch Aufgaben geben, die Du dem Mitarbeiter vielleicht zuerst nicht zugetraut hast.

Wenn Du das Gefühl hast, er oder sie hat Führungsqualitäten, kannst Du ihm oder ihr zum Beispiel auch einen Teil Deiner Aufgaben übertragen. Denn auch Teamleiter ist kein Job für die Ewigkeit und ein Teil Deines Jobs gerade in großen Organisationen ist es, auch selbst neue Teamleiter heranzuziehen.

Du wirst hier teilweise einen Spagat machen müssen, denn zum einen darfst Du den Mitarbeiter nicht mit den neuen Aufgaben überfordern, zum anderen muss er oder sie natürlich auch noch die eigentliche Arbeit im Team verrichten können. Und schließlich wirst Du auch ein Auge auf den Rest des Teams haben müssen, denn Du willst keine Eifersucht aufkommen lassen. Solche persönlichen Motivationen dürfen niemals von den anderen Teammitgliedern als eine Art der Bevorzugung angesehen werden. Deshalb ist es auch wichtig, dass Du dem Team klar kommunizierst, warum ein Teammitglied diese Aufgaben bekommen hat. Je mehr das Team Klarheit über solche Belobigungen hat, umso motivierter kann es sein. Denn schließlich will jeder gerne Anerkennung erfahren.

Teamaufgaben selbst übernehmen

Immer wieder wird die Frage gestellt, ob ein Teamleiter auch selbst im Team mitarbeiten soll. Und die Antwort ist heute eigentlich klar: Ja, wenn auch nicht zu 100 Prozent. Es hängt sehr von der Größe und Art eines Projekts ab. Im oben genannten Beispiel von den Behandlungskabinen im Traumabereich ist der Teamleiter auch Entscheider. Bei Scrumprojekten ist der Product Owner selten auch Teil des Entwicklungsteams. Bei der Müllabfuhr hingegen ist es durchaus möglich, dass Teamleiter auch mal den Mülllaster fahren oder aber in der Disposition aushelfen. Es gibt keine allgemeingültige Antwort darauf, wie sehr Du Dich einbringen kannst und sollst. Stelle Dir folgende Fragen:

Kann ich meinem Team eine Bereicherung sein?
Kann ich die Aufgaben/Tasks auch leisten?
Wie viel Zeit kann ich aufwenden?
Warum will ich mitarbeiten?

Gerade wenn Du selbst ein Programmierer bist oder in einem anderen Team gerne auch die Ausführung machst, ist die Versuchung groß, selbst mit Hand anzulegen.

Ein Feuerwehrmann in Hessen zeigte während seiner Einsätze, dass er sehr gut vor Ort koordinieren konnte, gerade auch bei schwierigen Großbränden. Seine Vorgesetzten schlugen vor, ihn in die Funkzentrale zu versetzen, was er auch gerne machte, und bald wurde er zum Leiter der Funkzentrale. Dabei fehlte ihm aber der direkte Kontakt mit den Einsatzkräften, er war nur noch verwaltend tätig und konnte keine echten Einsätze mehr koordinieren. Er beschloss, einmal in zwei Wochen eine Tag- und dann eine Nachtschicht am Funk zu übernehmen. Nur so konnte er auch sehen, wie die Arbeit an den Computern und Telefonen gemacht wird und was sich verändert hat, seit er die Leitung übernommen hatte. Für sein Team war das ein Signal, dass er nach wie vor einer von ihnen war, und auch die Feuerwehrleute im Einsatz freuten sich immer, wenn sie seine Stimme an den Funkgeräten hörten.

Du solltest wirklich darauf achten, dass Du nicht zu sehr in die Tagesarbeit eingebunden wirst, wenn es wichtigere, übergeordnete Tätigkeiten für Dich gibt. Gerade bei kleineren Teams aber ist es nicht unbedingt sinnvoll – auch aus finanziellen Gründen – einen Mitarbeiter nur mit der Teamleitung zu betrauen. Dann wird diese Rolle Dir oder jemand anderem zugeordnet, gleichzeitig hat diese Person aber auch noch andere Rollen im Team.

Probleme lösen

Deine Mitarbeiter sollten wissen, dass sie immer zu Dir kommen können, wenn es Probleme gibt. Probleme zu erkennen, zu besprechen und zu lösen ist eine Deiner Hauptaufgaben. Je früher ein Problem erkannt wird, umso schneller kannst Du reagieren und geeignete Maßnahmen einleiten. Die meisten Probleme sind heute nicht einfach zu lösen, sondern komplex und kompliziert. Du musst wissen, dass jede Aktion auch Reaktionen in einem Gesamtsystem auslösen kann. Umso wichtiger ist es, Probleme frühzeitig zu erkennen und zu analysieren. Als Teamleiter wirst Du eine Menge Zeit damit verbringen, aufkommende Konflikte zu erkennen, vor allem aber Veränderungen zu spüren. Große Probleme haben einen kleinen Anfang, und je eher Du diesen siehst, umso kleiner kannst Du das Problem halten.

Bei einer Marketingtour für eine Wohltätigkeitsorganisation wurden quer durch Deutschland Kleintransporter eingesetzt. Nach einer Woche rief einer der Fahrer an und fragte nach mehr Geld für Benzin, weil sein Betrag aufgebraucht sei. Das schien eine Kleinigkeit zu sein, und deshalb wurde der Teamleiter gar nicht erst informiert. Am nächsten Morgen meldete sich aber der nächste Fahrer und am Nachmittag noch einer. Erst jetzt sagte man dem Leiter des Teams Bescheid, und dieser setzte sich mit seinem Büroteam und den Fahrern in einer Telefonkonferenz zusammen. Es stellte sich heraus, dass man bei der Berechnung der Benzinmengen nicht daran gedacht hatte, dass die mit Werbemitteln beladenen Autos mehr Benzin verbrauchen als der normale Durchschnitt, den man als Berechnungsgrundlage genommen hatte. Entsprechend musste nun auch das gesamte Budget angepasst werden.

Manchmal ist auch die Position, von der aus Du das Problem betrachtest oder lösen willst, entscheidend. In manchen Fällen ist es praktisch, wenn Du nahe am Team bist und dessen

Tagesarbeit genau kennst oder sogar Teil des Teams bist. Es kann aber auch Situationen geben, in denen Du einen etwas anderen Blickwinkel haben musst, bei dem das Gesamtbild wichtiger ist und das Umfeld, in dem sich Dein Team bewegt.

Wichtige Fragen, wenn es Probleme gibt:

Welches Ausmaß hat das Problem und welches kann es noch bekommen?
Bin ich in der Lage, das Problem allein und schnell zu lösen?
Wie beeinflusst das Problem die Arbeit des Teams?
Wie wichtig ist es, das Problem zu lösen?
Welche andere Hilfe brauche ich, um mit dem Problem umzugehen?

Etwas, das Du immer vermeiden solltest, sind Schuldzuweisungen. Natürlich hat meistens jemand etwas falsch gemacht, aber das hilft weder dabei, das Problem zu lösen, noch ähnliche Probleme in der Zukunft zu vermeiden. Wenn zum Beispiel ein Programmierer gemerkt hat, dass er falsche Variablen verwendet hat, die einen Teil des Codes, der in der vergangenen Woche geschrieben wurde, betreffen, dann wird das einen erheblichen Einfluss auf die Produktion haben. Am besten ist es in diesem Fall, den Mitarbeiter zu fragen, welche Vorschläge er hat, um den Fehler wieder zu beheben. **Er wird schon selbst wissen, dass er etwas falsch gemacht hat**, aber wenn Du ihn um seine Mithilfe bittest, dann motiviert ihn das und er wird versuchen, in Zukunft genauer zu arbeiten – auch um Dich als Leiter und vielleicht sogar Vorbild nicht zu enttäuschen.

Ressourcen bereitstellen

Die besten Teams funktionieren vor allem deshalb so gut, weil sie alles haben, was sie brauchen, um ihren Job zu machen. Sie haben die richtigen Werkzeuge und Instrumente, können sich auf ihre Arbeit konzentrieren und bekommen lästige Verwaltungsarbeiten so weit wie möglich abgenommen. Damit das möglich ist, müssen ihnen diese Ressourcen auch zur Verfügung gestellt werden, und das ist eine Deiner Aufgaben als Teamleiter. Du wirst einen Großteil der Ressourcen schon in der Planungsphase bereitgestellt haben, aber in der Durchführungsphase wirst Du diese nicht nur parat haben müssen, sondern auch ständig nachprüfen müssen, welche weiteren Ressourcen benötigt werden. Denn Projekte haben nun einmal die Eigenschaft, sich ständig zu verändern.

Bei einem Softwareprojekt entscheidet der Kunde plötzlich, dass er eine 3D-Grafik will, die aber mit der vorhandenen Grafikengine nicht bewerkstelligt werden kann. Deine Aufgabe ist nun, zum einen die Kosten dafür zu berechnen, vor allem aber sicherzustellen, dass Dein Team die richtige Software bekommt, aber auch in der Lage

ist, diese zu bedienen. Im Zweifelsfall kann das bedeuten, dass Teammitglieder ausgetauscht werden müssen oder das Team erweitert werden muss.

Ressourcen können alles sein, was die Arbeit des Teams erleichtert. Dabei geht es nicht allein um Ausrüstung, sondern auch um Dienstleistungen, Motivationen und generelle Annehmlichkeiten. Wenn Dein Team ständig Überstunden macht, kannst Du zum Beispiel einen freien Tag einlegen, oder aber versuchen, zusätzliche Mitarbeiter zu bekommen, um die Arbeitslast zu verringern. Manchmal helfen auch kleine Dinge, wie eine einfache Kaffeemaschine in dem Büro, in dem gearbeitet wird, damit man nicht für jeden Kaffee in den 2. Stock laufen muss.

Du kannst aber auch soweit gehen, dass du Mitarbeitern, die einen Teil des Jobs lieber von zu Hause aus erledigen wollen, **ein Home-Office einrichtest**. Gerade bei Ressourcen geht es immer darum, dass sie dem Team dazu dienen, eine bessere Arbeit zu leisten – solange es im finanziellen Rahmen bleibt. Deswegen wird in Projekten auch von Dir erwartet, dass bei der Bereitstellung von zusätzlichen Ressourcen der Businesscase erläutert wird: Wie hilft das, mehr Geld zu verdienen? Beim Home-Office kann die Antwort beispielsweise sein, dass das Projekt dadurch schneller als bisher gedacht beendet werden kann und somit andere Ressourcen frei werden.

Ein Team, welches ausreichend ausgestattet ist, wird dies auch als von Dir kommende Unterstützung verstehen, was wiederum die Motivation, Loyalität und letztlich auch die Arbeitsleistung verbessert.

Du wirst als Teamleiter, gerade was die Ressourcen angeht, immer zwischen zwei Stühlen sitzen: Zum einen willst Du Deinem Team die bestmögliche Arbeitsumgebung bieten, zum anderen gibt es natürlich die Stakeholder des Projekts, die vor allem einen Blick auf die Finanzen haben. Der Bereich der Ressourcen ist einer jener, in denen der Teamleiter in der Regel allein entscheiden muss, weil hier ein Konsens im Team allein nicht helfen kann.

Selbstorganisation fördern

Der Begriff des Teamleiters oder Teamleaders beinhaltet oftmals, dass diese Person auch die Entscheidungen trifft. Nichts ist aber weiter von der Wahrheit entfernt: Ein guter Teamleiter trifft so wenige Entscheidungen wie möglich. Vielmehr wirst Du versuchen müssen, sich Dein Team so weit wie möglich selbst organisieren zu lassen. Solltest Du in der Softwareprogrammierung arbeiten, werden Methoden wie Scrum das ohnehin fordern: Hier entscheidet das Entwicklungsteam eigenständig, wie es die aus dem Product Backlog entnommenen Tasks bearbeitet. Bei Kanban wird ebenfalls gemeinsam besprochen, welche Aufgaben in die nächste Kategorie verschoben werden. Aber auch in Projekten und sogar Unternehmen, die nichts mit Software oder Technologie zu tun haben, wird Selbstorganisation immer mehr gefördert.

Ein Beispiel, wie daraus sogar ein Geschäftsmodell werden kann, ist die niederländische Firma Buurtzorg. Sie wurde von Jos de Blok gegründet, der zunächst einen Pflegedienst betrieb. Es stellte sich heraus, dass durch die zentrale Planung die Pflegekräfte kaum mehr Zeit für Patienten hatten, es aber auch Fehldispositionen gab. Es wurde immer komplizierter, die Einsätze zu koordinieren. Mit dem Team zusammen wurde das Nachbarschaftsprinzip entwickelt (Buurtzorg bedeutet Nachbarschaftshilfe). Die Pflegekräfte bekommen dabei feste Patienten, mit denen sie

61 Prozent der zur Verfügung stehenden Zeit auch wirklich verbringen müssen. Sie können sich den Tag weitgehend selbst einteilen, und dadurch, dass sie mit den Patienten mehr Zeit verbringen, wird die Pflege auch besser und letztlich reduzierte das sogar den Pflegeaufwand. Mittlerweile ist die Firma in 25 Ländern tätig.

Ein Team sich selbst organisieren zu lassen, ist für den Teamleiter keine leichte Aufgabe, weil Du Dich natürlich fragen wirst, was für Dich dann noch an Arbeit übrigbleibt. Tatsächlich ist das aber eine Menge, und es ist vor allem Arbeit, die bislang vielleicht durch zu viel Mikromanagement liegen blieb. Viele Aufgaben, von denen Du denkst, dass Du sie erledigen musst, kann das Team auch selbst lösen. Denke nur an Urlaubsanträge: Das Team kann auch untereinander entscheiden, wer wann Urlaub machen kann.

Hier noch ein paar Fragen, die Dir helfen können, Aufgaben an das Team zu übertragen:

Welche Verwaltungsaufgaben, die das Team betreffen, machst Du derzeit?
Wie groß ist der Zeitaufwand?
Wer macht Deine Arbeit, wenn Du im Urlaub bist (daraus kannst Du ableiten, dass auch andere Deine Arbeit machen können)?
Wo siehst Du Mikromanagement von Deiner Seite?

Eine neue Regel in der Teamführung ist, dass man ein Team alle Probleme zuerst selbst lösen lässt, aber darüber hinaus auch, dass man es sich selbst organisieren lässt. **Erst wenn das Team nicht mehr weiterweiß, fragt es den Teamleiter.** Und darin liegt dann auch Deine Aufgabe. Teams müssen nicht auf alle Zeit eine Person haben, die sie leitet oder gar führt. Zunehmend ist es Praxis, dass die Teamleitung im Laufe der Zeit entweder ins Team integriert wird oder deren Aufgaben von verschiedenen Teammitgliedern wahrgenommen werden.

Deine Aufgaben sind dann jene, die vor allem das Gesamtbild betreffen: Du achtest darauf, dass die Ziele nicht aus dem Auge verloren werden, Du schaffst Ressourcen, Du schirmst Dein Team von negativen Einflüssen ab, Du hilfst mit Expertise und auch direkt im Team, indem Du selbst Hand anlegst, wenn es benötigt wird.

Teamkultur entwickeln und beobachten

Das Team zusammenzuhalten ist ebenfalls Deine Aufgabe als Teamleiter, und damit eng verbunden ist die Entwicklung einer Teamkultur. In der Planungsphase wird sich oft schon herausstellen, wie ein Team sich sozial zusammensetzt, und Du wirst vor allem die verschiedenen Persönlichkeiten kennenlernen und analysieren können. Die Kultur eines Teams entwickelt sich aber erst in der Durchführungsphase, wenn es plötzlich zu Spannungen und Konflikten kommt, aber auch wenn man Aufgaben gemeinsam gemeistert hat. Was aber bestimmt die Teamkultur? In der DIN 69905, die sich mit Projekten beschäftigt, wird die **Teamkultur als „Gesamtheit der von Wissen, Erfahrung und Tradition beeinflussten Verhaltensweisen der Projektbeteiligten und deren generelle Einschätzung durch das Projektumfeld“**[16] bezeichnet. Das wird Dir im konkreten Projekt aber nicht viel weiterhelfen. Eine Checkliste, um das Team und seine Kultur zu analysieren, hat das Personalamt des Kantons Bern[17] in der Schweiz einmal zusammengestellt:

---

[16] Bechler, K. J. (2005): DIN Normen im Projektmanagement, BDU Servicegesellschaft für Unternehmensberater mbH

[17] Personalamt des Kantons Bern: URL: https://www.fin.be.ch/fin/de/index/personal/personalentwicklung/fuehrung/LeitfadenCPM/Checklisten-Formulare.assetref/dam/documents/FIN/PA/de/49._checkliste_zur_beurteilung_der_teamsituation.doc [Stand: 18-10-2018]

	+ ++ +++	- -- ---
Die Kommunikation zwischen den Teammitgliedern ist intensiv und offen.		
Konflikte werden offen diskutiert und es wird gemeinsam nach einer Lösung gesucht.		
Die Teammitglieder sind zufrieden und motiviert.		
Die Entscheidungsprozesse sind effizient.		
Das Team hat gemeinsame Wertvorstellungen.		
Das Team verfolgt gemeinsame Ziele.		
Die gegenseitige Unterstützung bei der Aufgabenerfüllung ist intensiv. Spielregeln für die Teamzusammenarbeit		

wurden gemeinsam vereinbart und werden eingehalten. Das Team beherrscht die Fähigkeit zur Problemlösung. Die Fluktuation der Teammitglieder ist gering. Das Team ist fähig, neue Mitglieder rasch zu integrieren. Die einzelnen Mitglieder identifizieren sich zu einem hohen Grad mit dem gesamten Team. Es gibt viel persönliche Sympathie zwischen den einzelnen Mitgliedern. Das Team ist innovationsfähig.		

Innerhalb des Teams herrscht Klarheit bezüglich Arbeitsteilung und Verantwortungen. Das Arbeitsklima im Team ist unbürokratisch. Die Arbeitsatmosphäre ist engagiert. Die Teammitglieder verhalten sich loyal gegenüber einem gefällten Entscheid. Es gibt wenig Anzeichen für Macht- oder Prestigekämpfe im Team. Das Team ist sich selbst gegenüber kritisch.		
Summen		

Du kannst jede Aussage mit ein bis drei Pluszeichen oder ein bis drei Minuszeichen (oder auch nur einem Plus und einem Minus) bewerten. Am Ende kannst Du eine Summe bilden, bei der hoffentlich die Plus-Anzahl überwiegt. Bedenke aber, dass Kultur sich nicht wirklich in Zahlen ausdrücken lässt. Wichtig ist auch, dass Du die Aussagen so ehrlich wie möglich bewertest. Und es kann auch nicht schaden, wenn das Team selbst diese Liste ausfüllt – das kann auch anonym geschehen. So ein Prozess dauert nicht lange, kann aber viel Aufschluss darüber geben, wie die Situation im Team ist. Und es ist auch schon vorgekommen, dass es zwischen der Eigeneinschätzung des Teams und der des Teamleaders eine große Diskrepanz gab.

Damit diese Listen nicht nur Einsicht bringen, sondern auch einen konkreten Nutzen haben, solltest Du nach Beantwortung der Fragen einen Maßnahmenkatalog aufsetzen, wie Du bestimmte Felder verbessern kannst. Auch das kann wieder mit dem Team gemeinsam besprochen werden, wenn die Zeit dafür vorhanden ist.

Teams weiterentwickeln

Eine dritte Phase, die aber während des Projekts quasi parallel zur Durchführungsphase läuft, ist die der Weiterentwicklung des Teams. Dazu gehören sowohl die Weiterbildung als auch die innere Fortbildung. Am besten geht das, wenn Teammitglieder voneinander lernen können. Dazu müssen sie aber erst einmal wissen, welche Kenntnisse sie weitergeben können und sollen.

In einer amerikanischen Entertainmentpark-Kette hat das Management sogenannte Spotlight-Karten eingeführt. Diese werden von den Teamleitern an Mitarbeiter gegeben, die etwas Besonderes geleistet haben. Sie sind aber keine Auszeichnung, sondern eher eine Beobachtung: Auf der Karte steht, was der Teamleiter beobachtet hat und warum ihm das gefallen hat. Die Karte muss dann noch von zwei weiteren Managern unterschrieben werden und wird schließlich für alle sichtbar ausgehängt.

Du wirst immer besser fahren, wenn Du Dein Team positiv motivierst, anstatt Mitarbeiter zu kritisieren. Fehler passieren immer und sie sollten im Team besprochen werden und als Gelegenheit genutzt werden, um stets besser zu werden und daraus zu lernen. Damit diese Kultur sich auch entwickeln kann, muss das Team auch innerlich motiviert sein.

Heldenübung

Um sich gegenseitig besser kennenzulernen, kannst Du während einer Pause das Heldenspiel einführen. Dabei versammelt sich das Team, und jeder muss einem anderen Teammitglied eine Superhelden-Rolle zuordnen. Das kann ein existierender Held wie Superman sein, kann aber auch ein Superheld sein, den man gerade erfunden hat, wie Kopierer-Man oder Leadership-Woman. Bei diesem Spiel geht es vor allem darum, zu erklären, warum man meint, die Person sei ein Superheld. Hintergrund ist, dass so die positiven Eigenschaften herausgestellt und den anderen mitgeteilt werden.

Eine andere Methode ist die **Schlechter-Tag-Tafel,** die bei Time Warner[18] erfunden wurde. Im Rahmen einer Anti-Stress-Kampagne wurden die Namen aller Mitarbeiter an Magneten befestigt und auf einer Metalltafel angebracht. Die Tafel hatte positive und negative Bereiche, wer sich schlecht fühlte, konnte seinen Namen selbst verschieben. Zunächst war das dazu gemacht, um anderen mitzuteilen, dass man vielleicht etwas schlecht gelaunt ist. Was aber letztendlich geschah, war, dass diese Mitarbeiter von ihren Kollegen aufgemuntert wurden.

Mit solchen Übungen wirst Du die innere Verfassung des Teams und Bindungen im Allgemeinen stärken. Natürlich wird es immer wieder Menschen geben, die andere nicht mögen, weil die Chemie einfach nicht stimmt. Dennoch sollte das Team auf gegenseitigem Respekt basieren, statt auf persönlichen Animositäten.

---

[18] Mai, J. (2015): Mitarbeiter motivieren: 31 Tipps und Beispiele: Karriere Bibel. URL: https://karrierebibel.de/mitarbeiter-motivieren-beispiele/ [Stand: 22-09-2018]

Sonderfall Remote Teams führen

Immer mehr Teams werden heute virtuell zusammengestellt, sowohl über Länder- und Zeitzonengrenzen hinweg als auch innerhalb von Unternehmen. Möglich macht das die elektronische Vernetzung: Wir haben heute Instrumente wie Slack, Google Drive oder Twist, um in einem Team zu kommunizieren, ohne wirklich physisch anwesend zu sein. Für Dich als Teamleiter bringt das einige besondere Herausforderungen mit sich.

Weniger Teamplay

In den meisten Fällen werden die Mitglieder von virtuellen Teams weniger zusammenarbeiten, als wenn man in einem Raum zusammensitzt. Das bedeutet nicht, dass es keine Zusammenarbeit geben wird, sie jedoch in virtuellen Teams weitaus mehr an den Tasks und Inhalten orientiert ist als beispielsweise an der Gruppendynamik. Dem Virtual Teams Survey Report – 2016 kann man nicht nur eine **wachsende Bedeutung dieser Form der Zusammenarbeit** entnehmen, sondern auch weitere informative Einordnungen (Basis: 1.372

Teilnehmer aus 80 Ländern mit anglo-amerikanischer Dominanz)[19]. Die stärkste Gruppe waren 35-50-Jährige, davon 53 % Frauen aus Unternehmen mit über 50.000 Beschäftigten verschiedenster Branchen. 36 % waren Führungskräfte. Von den Teilnehmerinnen und Teilnehmern arbeiteten 85 % in virtuellen Teams, 63 % in mehreren. 20 % sind sogar mehr als die Hälfte des Tages dafür eingespannt (32 % unter 10 %). Die Multikulturalität, der hier vielfach cross-border gebildeten Teams, spielt logischerweise eine nennenswerte Rolle. Damit entstehen notgedrungen auch zeitliche Erschwernisse in der möglichen Zusammenarbeit."

In dieser Untersuchung werden auch die Herausforderungen benannt, die Teammitglieder sehen:

- Arbeit über Zeitzonen hinweg (85 %)
- Teammitglieder, die sich nicht ausreichend einbringen (79 %)
- Unpassendes Tempo bei der Entscheidungsumsetzung und zu viel Zeit für die Entscheidungsfindung (79 % / 75 %)
- Unklare Rollenerwartungen bei Teammitgliedern (74 %)
- Unbefriedigendes Commitment zur Aufgabenerledigung bei Teammitgliedern (74 %)

---

[19] Weibler, J. (2017): Virtuelle Teams und Digitale Führung: Leadership Insiders. URL: https://www.leadership-insiders.de/virtuelle-teams-und-digitale-fuehrung/ [Stand: 26-09-2018]

Unterschiedliche Auswahl der Mitglieder

Bei der Auswahl von Teammitgliedern, die virtuell zusammenarbeiten, stehen deren Kenntnisse und spezifischen Skills weitaus mehr im Vordergrund als die eher weichen Faktoren. Die meisten Remote-Teammitglieder arbeiten eigenständig, oft auch von zu Hause aus oder als externe digitale Nomaden. Sie werden höchstens zu Konferenzschaltungen gerufen, oftmals kennen sich die Teammitglieder untereinander nicht persönlich und müssen das auch nicht. Gerade in größeren Unternehmen wirst Du virtuelle Teams haben, bei denen die Mitglieder neben dem Projekt auch noch ihren Hauptjob erfüllen müssen. Kriterien für die Auswahl sind bei virtuellen Teams:

- Standort und Zeitzone
- Kenntnisse von elektronischen Instrumenten für virtuelle Zusammenarbeit
- Große Selbstdisziplin
- Meistens gute Englischkenntnisse (für internationale Teams)

Ein Beispiel, wie eine Firma komplett virtuell arbeitet, ist das Taskmanagement Todoist. „Unsere 60 Mitarbeiter kommen aus 28 verschiedenen Ländern, von Jamaika über Polen, Taiwan und Australien. Wir sind Männer und Frauen, homosexuell und heterosexuell, religiös und Atheisten. Unsere Fern-Firma versucht in allen Bereichen grenzenlos zu sein – wir glauben, das ist die Zukunft der Arbeit."[20] Wie erfolgreich das sein kann, zeigt auch die Tatsache, dass Todoist bislang nicht einen Dollar an Venture Capital bekommen musste, und dennoch zu einem Weltmarktführer wurde.

Neue emotionale Kompetenz für den Teamleiter

Da die Kommunikation in virtuellen Teams meist ausschließlich elektronisch passiert, wirst Du auch in der Lage sein müssen, Emotionen nur basierend auf diesen Informationen zu verstehen. Das ist schwierig, denn man kann nicht alles in einem Emoji ausdrücken. Hinzu kommt, dass zum Beispiel im Bereich Gestaltung und Softwareprogrammierung Freiberufler einen etwas anderen Lebensstil pflegen und selten mit den Umgangsformen in Konzernen vertraut sind (oder sein

---

[20] Doist Ltd.: At Doist, we do things a little different. URL: https://doist.com/about-us/ [Stand: 07-10-2018]

wollen). Vieles wird in virtuellen Teams lockerer genommen, allerdings sind Konflikte auch nicht so schnell sichtbar, wie beispielsweise das verärgerte Gesicht eines Mitarbeiters, dem man auf dem Gang begegnet.

Mehr Disziplin

In einem Team, welches in einem Büro zusammenarbeitet, kannst Du schnell mal sagen „Alle mal herhören", um die notwendige Aufmerksamkeit zu bekommen. Virtuell wird das schwierig. So ein Ausruf wird im Slackstream höchstwahrscheinlich schnell nach unten transportiert. Um alle zu erreichen, gerade wenn es sich um verschiedene Zeitzonen handelt, musst du sehr genau planen und diszipliniert vorgehen. Gleiches gilt für den **Umgang der elektronischen Kommunikation**: Hier wirst Du Regeln einführen müssen, wie man diese Instrumente miteinander benutzt, ohne in einem ständigen Strom von Nachrichten und Benachrichtigungen unterzugehen. Diese Regeln sollten den Teammitgliedern immer sichtbar sein. Du kannst sie in einem Dokumentenarchiv zum Beispiel nach oben stellen und dort fixieren, sodass Dein Team jederzeit nachsehen kann, wie etwas gemacht werden soll.

Neue Formen der Motivation

In einem virtuellen Team wirst Du eventuell auch neue Formen der Motivation finden müssen, denn eine emotionale Ansprache fruchtet da nicht. Läuft alles über elektronische Kommunikation, wird diese oftmals über Vertrauen gebildet. Mitarbeiter sind motiviert, wenn sie selbstständig arbeiten dürfen, aber die Teamleitung dies gleichzeitig auch anerkennt. Du wirst hier mit sehr viel mehr Lob arbeiten müssen als bei einem physisch anwesenden Team. Gleichzeitig wirst Du achtgeben müssen, virtuell nicht allzu präsent zu sein.

Beispiel: Du kannst in Programmen wie Slack bestimmten Diskussionen und Topics, die vom Team eröffnet wurden, folgen. Nur weil Du allen folgen kannst, muss das aber nicht heißen, dass du es auch musst. Wenn Dein Team sieht, dass Du ihm bei allem, was es macht, über die Schulter schaust, wird das entweder Druck auslösen oder aber das Vertrauen beschädigen. Achte also sehr genau darauf, wie stark Deine Präsenz in einem virtuellen Projektmanagement und dessen Kommunikationstools ist.

Eine Methode der virtuellen Motivation ist es, den Spaßfaktor zu heben. Die meisten Teammitglieder werden allein vor dem Computer sitzen und da kann eine lustige Unterbrechung auch einmal hilfreich sein, um auf andere Gedanken zu kommen. Erlaube dem Team, auch mal ein witziges Video rumzuschicken, oder erstelle eine Bildergalerie mit lustigen Filtern. Das ist eine kurzweilige Ablenkung, die aber einen positiven Effekt auf die Motivation haben kann.

Macht und Einfluss

Durch die weitestgehende Auflösung einer ständigen Präsenz und einer wesentlich stärkeren Eigenverantwortung des Teams, wirst Du auch an Macht und Einfluss verlieren. Das mag zwar persönlich schwierig sein, muss aber kein wirkliches Problem darstellen. Denn die Vorteile eines virtuellen Teams sind ja gerade, dass die Arbeit effizienter (und oft kostengünstiger) erledigt werden kann. Natürlich wirst Du immer wieder die Versuchung spüren, Deine Position als Teamleiter deutlich zu machen. Sei Dir aber bewusst, dass besonders Machtspielchen in einem solchen Umfeld weniger beeindrucken. Gerade Freiberufler suchen sich heutzutage Projekte aus, weil sie Interesse daran haben, nicht aber weil sie dem Teamleiter unbedingt folgen wollen. Sie sehen diesen als Dienstleister, der ihnen das Arbeitsumfeld gestalten soll.

Derzeit wird in Management- und Führungskreisen diskutiert, wie eine digitale Führungskompetenz aussehen kann. Ein Schlagwort ist dabei Leadership on demand. Bei diesem

Modell wird eine Teamleitung nur anlassbezogen eingesetzt. Das Team oder die Gruppe ist in der Lage, sich komplett selbst zu organisieren und zu führen, und braucht eine Führung in vielen Fällen nur als Vertretung nach außen, zum Beispiel in Zusammenarbeit mit wichtigen Stakeholdern, oder aber wenn bestimmte Entscheidungen gefällt werden müssen. Das bedeutet auch, dass mit der Rolle des Teamleiters in diesem Fall keinerlei Macht oder Einfluss verbunden ist.

Digitale Tools

Als Digital Leader wirst Du umfangreiche Kenntnisse von digitalen Werkzeugen haben müssen. Heute kann von Dir erwartet werden, die fünf wichtigsten Projektmanagementsysteme sehr gut und die darauffolgenden fünf zumindest gut zu kennen. Wurde früher erwartet, dass Du Englisch sprichst, so wird das heute gar nicht mehr erwähnt, stattdessen wirst Du in der Lage sein müssen, mit Slack und ähnlichen Werkzeugen umgehen zu können, wie mit SMS und Word. Auch die Hardwarekontrolle funktioniert bei vielen virtuellen Teams nicht mehr: Du wirst sie nicht auf ein System festlegen können, welches seit Jahren in Deinem Unternehmen verwendet wird, und schon gar nicht verlangen können, sich bestimmte Programme und Plugins herunterzuladen, wenn sie nicht ausdrücklich für das Projekt wichtig sind. Die meisten Anbieter sind heute ohnehin webbasiert, und es ist üblich, dass Mitarbeiter ihre eigenen Geräte verwenden. Gerade Slack und

Wrike sind heute auf dem privaten Handy installiert, um auch außerhalb der klassischen Arbeitszeiten Zugriff zu haben.

Mit der kompletten Digitalisierung kommt auch der Verlust der Informationshoheit. Wissen muss mit allen geteilt werden, das ist eine Grundvoraussetzung für die Zusammenarbeit. Ein Mitarbeiter kann nicht mehr darauf warten, dass Du ihm bestimmte Daten zur Verfügung stellst, auf die er wegen fehlender Rechte keinen Zugriff hast. Virtuelle Teams erwarten mehr als andere umfangreichen Zugang zu Informationen, um besser arbeiten zu können.

Internationale Teams in Slack führen

Eines der bekanntesten digitalen Werkzeuge, um in einem Team zu arbeiten, aber auch um Teams zu führen, ist Slack. Die Kommunikationssoftware macht es möglich, über Zeitzonen und Ländergrenzen hinweg, projektorientiert zu arbeiten, bringt aber auch einige Herausforderungen mit sich. Das Unternehmen selbst gibt auch Tipps, wie man Teams mit Slack führen kann:
Zunächst sollte man für das Projekt einen eigenen Channel eröffnen, in dem klargemacht wird, dass dieser asynchron ist: Das bedeutet, dass hier über verschiedene Zeitzonen hinweg gearbeitet wird und Fragen daher nicht gleich gelesen und beantwortet werden. Deswegen ist es auch wichtig, dass Beiträge kurz und prägnant sind. Auch sollten die wichtigsten Dokumente über das Projekt immer oben stehen, indem sie mit einer digitalen Stecknadel (Pin) versehen werden.

Bei Teams, die bislang noch nicht zusammengearbeitet haben, kannst Du auch vorschlagen, dass man die jeweiligen Profile ein wenig ausschmückt, mit Bildern und Beschreibungen, was man so in der Freizeit macht – so kann sich das Team eine bessere Vorstellung voneinander machen.

Slack stellt 5 Punkte heraus:

- In welchen anderen Teams ist die Person (so kann man sich ein Bild davon machen, welche Expertise die Person noch hat, und sie gegebenenfalls um Hilfe fragen).
- Kontaktinformationen und Notfallnummern, vor allem mit der Landesvorwahl und der entsprechenden Zeitzone, in der sich die Person befindet.
- Eine Hilfe, wie ein Name ausgesprochen wird, um peinliche Situationen in Telefonkonferenzen zu vermeiden.
- Das Geschlecht, da es in manchen Ländern Namen gibt, die für Männer und Frauen gleichermaßen verwendet werden.
- Der Nachname wird großgeschrieben, weil in einigen Ländern der Nachname vor dem Vornamen geschrieben wird.

Du kannst den Namen auch noch Symbole hinzufügen, die zum Beispiel den Ort darstellen, an dem jemand arbeitet, und die dann automatisch zu deren Statussymbolen hinzugefügt werden. Slack erlaubt es, eigene Emojis hochzuladen, die für diesen Zweck verwendet werden können.

Slack selbst hat zum Beispiel für seinen Kundenservice einen sogenannten Triage-Channel eingerichtet, der die Kontinente Amerika, Australien und Europa abdeckt:

„Unser eigenes Kundendienst-Team ist ein Weltmeister, wenn es darum geht, Informationen in Slack zu verteilen. Es hat einen Triage-Kanal eingerichtet, in dem die Mitarbeiter Kundenanfragen priorisieren und sortieren können. Für diese Aufgabe, die lebenswichtig für das Unternehmen ist, haben wir sichergestellt, dass Teammitglieder aus unseren Büros in Australien, Nordamerika und Westeuropa in einer 24-Stunden, rund-um-die-Uhr-Verfügbarkeit bereitstehen. In den Triage-Kanälen geht es meisten darum, einen Überblick über die wichtigsten Informationen zu geben, zum Beispiel wer gerade Dienst hat und im Falle eines Problems benachrichtigt werden kann."

Virtuelle Teams in Kanban führen

Eigentlich ist Kanban eine agile Methode, in deren Herzen das gemeinsame Gespräch vor einer Tafel steht, insbesondere auch weil es eigentlich aus der Autoproduktion stammt und in der Regel ortsgebunden war. Dennoch kann Kanban mit Tools wie Trello auch verwendet werden, um Teams digital zu führen. **Grundlage bieten die klassischen Spalten „To do", „Doing" und „Done"** sowie Erweiterungen je nach Ansprüchen eines Projekts. Kanban ist immer dann für virtuelle Teams geeignet, wenn es darum geht, dass die Arbeit schnell und gleichmäßig vonstattengeht. Es wurde einst eingeführt, um sicherzustellen, dass immer genügend, aber gleichzeitig nicht zu viele Teile für die Autofertigung zur Verfügung standen und bildete die Basis für die Just-in-time-Produktion.

Wenn es in einem virtuellen Team klar definierte Aufgaben gibt, die abgearbeitet werden müssen, dann ist Kanban eine gute Methode. Es gibt vor allem einen schnellen Überblick darüber, wie das Team arbeitet und ob es Engpässe oder Leerlauf gibt. Es ist weniger gut geeignet, wenn man viel diskutieren und sich austauschen muss, auch wenn die meisten Tools wie Trello Kommentarfunktionen haben. Mit Kanban kannst du vor allem sicherstellen, dass der Arbeitsfluss gleichmäßig ist. Gerade bei virtuellen Teams kann schon einmal der Überblick verloren gehen, wer wann an was arbeitet. Kanban zeigt Dir unabhängig von den Zeitzonen an, wie der Fortschritt ist.

Kanban braucht klare Regeln und Vorgaben, wie die Arbeit ausgeführt werden soll. Das hat für Dich aber große Vorteile, weil Du Dich bei dieser Art der Teamführung wirklich auf das Gesamtbild konzentrieren kannst und nur dann eingreifen musst, wenn der Arbeitsfluss ins Stocken kommt oder andere Probleme auftauchen. Du wirst eine überwachende Funktion haben, vergleichbar mit einem Ingenieur in einem Kraftwerk oder einem Filmproduzenten, der die notwendigen Mittel für einen Film zur Verfügung stellt, aber auch darauf achten muss, dass der Drehplan und vor allem das Budget eingehalten werden.

Zusammenfassung

Wenn Du am Ende dieses kleinen Buches angelangt bist, solltest Du einen ersten Überblick bekommen haben, wie Du Teams leiten und führen kannst. Ganz gleich ob Du zum ersten Mal mit dem Thema Teamführung zu tun hast oder bereits erste Erfahrungen gesammelt hast: Jetzt solltest Du zumindest das wesentliche Handwerkszeug besitzen.

Teamführung hat bereits viele Autoren und Wissenschaftler beschäftigt, und fast wöchentlich entwickelt jemand eine neue Methode der Team- und Mitarbeiterführung. Du solltest Dich davon aber nicht verunsichern lassen, denn die beste Methode ist oft die, mit der Du und Dein Team zufrieden sind. **Wichtiger als die Theorie ist die Praxis,** und wenn Du erst mehrere Teams geführt hast, wirst Du feststellen, dass jedes Team anders ist. Die Menschen sind andere, die Aufgaben sind verschieden, das Umfeld ändert sich.

Deine Kunst besteht darin, Dich auf diese wechselnden Umstände einstellen zu können. **Eine der wichtigsten Eigenschaften eines Teamleiters in der Zukunft ist die Flexibilität**. Du wirst Dich ständig neu erfinden müssen, wirst erleben, dass Du selbst mit dem gleichen Team neue Aufgaben anders bewältigen musst.

Da die moderne Arbeitswelt zunehmend von Teamstrukturen geprägt ist, wirst Du in Zukunft als Teamleiter genug zu tun haben. Forscher gehen davon aus, dass Tätigkeiten, die automatisiert werden können, bald von Computern und Robotern erledigt werden können. Führung von Teams und Mitarbeitern gehört aber nicht dazu, denn es brauchte hier die menschlichen Fähigkeiten, die oft über Erfolg und Misserfolg entscheiden. Selbst wenn in Zukunft der Winterdienst von einer Flotte von selbstfahrenden Fahrzeugen erledigt wird, so wird es immer noch ein Team geben, dass diese Fahrzeuge wartet und repariert, sich um die Software und Hardware kümmert und den Betrieb an sich leitet.

Zum Schluss noch einmal die wichtigsten Eigenschaften, die Du als Teamleiter brauchst und an denen Du arbeiten solltest, wenn du Dich verbessern willst.

- Kommunikationsfähigkeit und soziales Verhalten (Teamfähigkeit)
- Eigener Antrieb und Motivation
- Verlässlichkeit und Gewissenhaftigkeit
- Fähigkeit, andere zu motivieren
- Innovativ und visionär
- Ehrlich
- Bereitschaft, Risiken einzugehen
- Vertrauen schaffen

- Intelligenz
- Gute Kenntnisse der Firmenstrukturen

In Hinsicht auf Methoden solltest Du mit den Grundlagen der wichtigsten Projektmanagementmethoden vertraut sein:

- Projektmanagement mit Meilensteinen und Gantt Charts, z. B. Prince2
- Agiles Projektmanagement, zum Beispiel Scrum und Kanban

Um virtuelle Teams zu führen, solltest Du entsprechende Software kennen:

- Asana
- Basecamp
- Slack
- Trello
- Wrike

Nachdem Du gelernt hast, was Du alles machen solltest und kannst, hier noch eine Liste der häufigsten Fehler, die Teamleiter machen, und die Du auf jeden Fall vermeiden solltest:

Mikromanagement
Wenn die Mitarbeiter heute etwas auf die Palme bringt, dann ist es ein Chef, der sich in alles einmischt und versucht, alles zu kontrollieren. Deine Aufgabe ist es nicht, die Arbeit des Teams zu machen oder ihm ständig über die Schulter zu schauen, sondern ihm ein optimales Umfeld zu bieten. Besonders schlimm ist es, wenn Du Anweisungen gibst, ohne den Mitarbeiter um Rat gefragt zu haben.

Um Entscheidungen drücken
Wenn die Rolle des Teamleiters eine Funktion hat, dann Entscheidungen zu treffen, wenn kein Konsens gefunden werden kann. Solche Entscheidungen können bisweilen schmerzhaft sein, wenn zum Beispiel ein Mitglied aus dem Team entfernt werden muss. Aber genau dafür wirst Du bezahlt: Schwierige Entscheidungen zu treffen und vor allem auch zu diesen zu stehen. Ein Team, dessen Leiter Probleme damit hat, sich entscheiden zu können, ist im besten Fall orientierungslos, im schlimmsten Fall nutzt es das für sich aus – und meistens zulasten des Projekts.

Fachidiot sein

Es ist relativ unerheblich, was Du studiert hast und ob Du die aktuellen Zahlen des Burndown Charts genauestens analysiert hast, wenn es darum geht, Mitarbeiter zu motivieren. Für fachliche Dinge hast Du Spezialisten, und Führung ist vor allem eine emotionale Angelegenheit. Mit Fachwissen beeindrucken, wird schnell als Arroganz ausgelegt (ausgenommen es wird als Kompetenz anerkannt).

Keine Fehler eingestehen

Jeder macht Fehler, und auch Du wirst diese machen. Teamleiter sollen nicht fehlerfrei sein und wenn Du etwas falsch gemacht hast, solltest Du das so früh wie möglich erkennen und auch kommunizieren. In einem Team geht es nicht darum, wie gut Du dastehst und wie toll Du Dich selbst findest, sondern darum, dass die Arbeit gemacht wird und das Projekt zu Ende geführt wird.

Rechtliches und Impressum

Die Inhalte dieses Buches wurden anhand von anerkannten Quellen recherchiert und mit hoher Sorgfalt geprüft. Der Autor übernimmt dennoch keinerlei Gewähr für die Aktualität, Richtigkeit und Vollständigkeit der bereitgestellten Informationen.

Haftungsansprüche gegen den Autor, welche sich auf Schäden gesundheitlicher, materieller oder ideeler Art beziehen, die durch Nutzung oder Nichtnutzung der dargebotenen Informationen bzw. durch die Nutzung fehlerhafter und unvollständiger Informationen verursacht wurden, sind grundsätzlich ausgeschlossen, sofern seitens des Autors kein nachweislich vorsätzliches oder grob fahrlässiges Verschulden vorliegt. Dieses Buch ist kein Ersatz für medizinische oder professionelle Beratung und Betreuung.

Dieses Buch verweist auf Inhalte Dritter. Der Autor erklärt hiermit ausdrücklich, dass zum Zeitpunkt der Linksetzung keine illegalen Inhalte auf den zu verlinkenden Seiten erkennbar waren. Auf die verlinkten Inhalte hat der Autor keinen

Einfluss. Deshalb distanziert der Autor sich hiermit ausdrücklich von allen Inhalten aller verlinkten Seiten, die nach der Linksetzung verändert wurden. Für illegale, fehlerhafte oder unvollständige Inhalte und insbesondere für Schäden, die aus der Nutzung oder Nichtnutzung solcherart dargebotener Informationen entstehen, haftet allein der Anbieter der Seite, auf welche verwiesen wurde, nicht aber der Autor dieses Buches.

Auflage 10/2020

Kontakt: Tim Ong/ Türkstr. 4/ 30167 Hannover
Coverfoto: Vlad_Chorniy/shutterstock.com
Formatierung: Niels Davidek

Quellenverzeichnis

Bass, B. M. (1985): Leadership and performance beyond expectations., The Free Press, New York

Bechler, K. J. (2005): DIN Normen im Projektmanagement, BDU Servicegesellschaft für Unternehmensberater mbH

Doist Ltd.: At Doist, we do things a little different. URL: https://doist.com/about-us/ [Stand: 07-10-2018]

Dornseif: Wofür wir stehen. URL: http://www.dornseif.de/unternehmen/philosophie/ [Stand: 10-09-2018]

Duncan, P. (2018): Sebastian Vettel: We stood no chance the way that we raced in Singapore. URL: https://www.telegraph.co.uk/formula-1/2018/09/16/sebastian-vettel-stood-no-chance-way-raced-insingapore/ [Stand: 10-10-2018]

Dweck, C. S. (2015): The Secret to Raising Smart Kids: Scientific American. URL: https://www.scientificamerican.com/article/the-secret-to-raising-smart-kids1/ [Stand: 20-09-2018]

Gibson, C.; Vermeulen, F. (2003): A healthy divide: Subgroups as a stimulus for team learning behavior, Administrative Science Quarterly, S.202-239

Hedges, K. (2015): Four Ways To Challenge Employees To Reach Their Potential. URL: https://www.forbes.com/sites/work-in-progress/2015/02/19/four-ways-to-challenge-employees-to-reach-their-potential/#32d34b862889 [Stand: 05-10-2018]

Hiller, N. J.; Day, D. V.; Vance, R. J. (2006): Collective enactment of leadership roles and team effectiveness: A field study: Leadership Quarterly, S.387-397

Huffington Post (2016): Die 5 Phasen der Gruppendynamik. URL: https://www.huffingtonpost.de/thorsten-boschs-insider/die-5-phasen-der-gruppendynamik_b_8970606.html [Stand: 14-09-2018]

Jumpertz, S. (2016): Zukunft der Führung, Transparenz total?, ManagerSeminare, Heft 223

Mai, J. (2015): Mitarbeiter motivieren: 31 Tipps und Beispiele: Karriere Bibel. URL: https://karrierebibel.de/mitarbeiter-motivieren-beispiele/ [Stand: 22-09-2018]

Martens, A. (2015): Macht in Bewegung: Führen ohne Hierarchie: ManagerSeminare, Heft 207

Morgeson, F. P.; DeRue, D. S.; Karam, E. P. (2009): Leadership in Teams: A Functional Approach to Understanding Leadership Structures and Processes: Journal of Management. URL: https://doi.org/10.1177/0149206309347376 [Stand: 30-09-2018]

Personalamt des Kantons Bern: URL: https://www.fin.be.ch/fin/de/index/personal/personalentwicklung/fuehrung/LeitfadenCPM/Checklisten-Formulare.assetref/dam/documents/FIN/PA/de/49._checkliste_zur_beurteilung_der_teamsituation.doc [Stand: 18-10-2018]

The Open University; Hall, W.; Keynes, M. (2016): How teams work, S. 7 f.

Weibler, J. (2017): Virtuelle Teams und Digitale Führung: Leadership Insiders. URL: https://www.leadership-insiders.de/virtuelle-teams-und-digitale-fuehrung/ [Stand: 26-09-2018]